當你自律自控才能又美又爽

梁爽

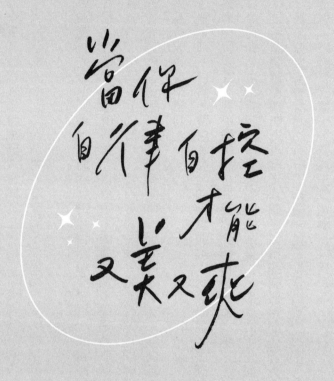

愛自己永遠是現在進行式，正如卡繆所說：

「對未來的真正慷慨，就是把一切都獻給現在。」

繁體中文版自序

01

我的書《當你自律自控，才能又美又爽》即將發行繁體版，對我來說，這是個歡天喜地、載歌載舞的好消息，我懷著甜蜜又激動的心情，想給港澳台地區的讀者寫一些心裡話。

猜想手持此書的你，應該不認識我。

我叫梁爽，現實生活中，是一個普通的上班族，是一個普通的新手媽媽，稍微不普通的一點，就是我工作之餘，喜歡在網路上寫文章，逐漸被更多人注意到。

我剛開始寫作時，喜歡對明星八卦、對熱門時事來頓辛辣諷刺或指點江山。直到我寫了自己早起的經歷，很多讀者嘗試早起後，來找我交流早起的困難和收穫，我深刻地感受到自己寫作的價值。

後來我越來越過自律的生活，越來越愛寫自律的文章，我這些年獲益匪淺，一直寫作，認識更大的世界，結識更多的朋友；一直早起，透過看書和寫作，活出一個區別於每天上下班的自己；一直鍛鍊，三十三歲生孩子也沒想像中那麼艱難；一直改善，報名形體課去糾正體態，每天練習朗讀，希望用更標準的普通話，做好我的讀書會；一直探索，每年讓自己學習新東西，嘗試新東西……

與此同時，有些我的讀者會不定期地向我報喜，比如考上理想學校的研究所，找兼職賺到一筆小錢，失戀以後健身練出肌肉，離開耗人耗己的婚姻……

我變成越來越好的自己，也有讀者可能因為我的一點點因素，變成越來越好的自己。

02

儘管和港澳台讀者生活工作的環境不太一樣，但在新冠疫情大背景下，我們似乎都有「無常感」。

這幾年，除了和疫情鬥爭，也在和「無常感」鬥爭。

每當無常感席捲我的身心，我會有意識地翻看這段話：

「在同一輛列車上，有人感染，有人安全，這是機體免疫力；同樣的隔離，有人一年不愁吃喝，有人一星期就經濟拮据，這是財務免疫力；同樣隔離在家，有人讀書學習，空中課程很自律，有人打麻將玩遊戲渾渾噩噩過日子，這是價值免疫力。一樣的災難，有人陽光向上勇往直前，有人怨天尤人，甚至仇恨社會，這是心理免疫力。這場災難，是個大浪淘沙的過程，對所有人的體質、閱歷、認知、人性、良知、勇氣、思想、道德、靈魂、理想、價值觀等都是場篩選。所以戰勝意外和不幸，所要做的是提高所有的免疫力。」

提高所有免疫力的基礎，我投「自律」一票。

別看我現在是自律愛好者，以前卻是名副其實的自律絕緣體。

以前的我，讀書方面，平時瞎糊弄，臨時抱佛腳，沒有考上理想的學校；身體方面，小學練籃球，中學停練後，運動量大不如前，卻還保持巨大的食量，身材迅速往橫向發展，再加上無辣不歡，「口無遮攔」，經常往醫院跑。

後來的我，大學開始早起，每天五點多起床，堅持了十四年；業餘時間寫網路文章，堅持了六年；大學夜跑三年，現在換成其他運動方式；工作以後開始堅持列待辦清單，看書堅持做讀書筆記，幾年前開始寫感恩日記，懷孕生產後運動習慣也不間斷……

生活無常，自律有常。而市面上很多自律文章，我讀後經常會有一種苦澀、壓抑的感覺，這分明和我體會到的自律感受並不相通。

我之所以過上自律的生活，恰好是因為我是一個吃不了苦的人。吃不了熬夜的苦，於是選擇早起；吃不了生病的苦，所以飲食清淡；吃不了節食的苦，所以經常運動；吃不了無趣的苦，所以喜歡看書。

我人生中做得最對的一件事，就是打破「自律很苦」、「自律很難」的思維模式。我的親身感受與心理學家的研究大致吻合：自律的前期是興奮的，中期是痛苦的，後期是享受的。

絕大多數時候，自律感覺超爽。平時健康飲食，偶爾吃點重口味食品，不會有負罪感，爽；平時經常鍛鍊，運動完之後酣暢淋漓，經脈逆流，毛孔吞吐，熱氣升騰，爽；平時熱愛讀書，和很多有趣或偉大的靈魂交談過後，哪怕哪裡都去不了，也覺得天地遼闊、生命繽紛，爽。

03

自律不僅僅在行動上，更在情緒上。

我以前就是一個在情緒上相當不自律的人。

小時候翻臉比翻書快，長大後就算喜怒不形於色，但心裡也會暗流湧動，猜想別人怎麼看我，對別人的情緒特別重視。想做一件事前考慮太多，作決定前糾結來糾結去，把事情預料得糟糕，把人性預設得陰暗，然後放棄追求，後來遺憾越攢越多。

馬克．吐溫說過：我一生總在無止境地憂慮，其實很多擔憂從未真正發生過。

我又何嘗不是。我不喜歡自己敏感到為了別人難以驗證的想法，讓自己浪費時間白吃苦頭，耽誤了一天的好心情。也不喜歡自己常自憐，別人有多過分，自己是受害者，別人很幸運，自己有多倒楣，自憐容易上癮。

敏感、自憐脆弱、拖延……這些「惡意軟體」拖慢了我大腦的運行速度，於是我決定改變自己。

連續幾天不開心，學會壞情緒的一定程度刪除，不要放任負面情緒在體內橫衝直撞，不要在真正的難關攻擊自己之前，就被高敏感、玻璃心、想太多把自己打得落荒而逃。懂得如何和別人相處，更懂得如何和自己相處，不咄咄逼人，更不咄咄逼己，把好心情當成每天的待辦事項。

我們很多人的問題可能是，想的事太多，做的事太少，看的書太少，對別人期待得太多，對自己下手得太少，不如打開自律的介面吧。

要心無罣礙，活在當下，要不念過去，不畏將來，要積極折騰，無怨無悔。這就是我的這本書《當你自律自控，才能又美又爽》，將要與你分享的事。

目次

第一章 ✧ 千萬別小看一個又忙又美的女人

第二章 ✧ 真正精緻的生活，從來都不貴

第三章 ✧ 對自律上癮後，人生就像開了掛

第五章 ✧ 不要在該動腦子的時候動感情

第六章 ✧ 最怕你碌碌無爲，還總熱中宏大敘事

第一章 ✧ 千萬別小看一個又忙又美的女人

變美是一個長期的工程，不能一蹴而就，需要長時間保持良好的飲食、作息、運動和情緒等生活習慣，需要摸索出真正適合自己風格、氣質、穿搭的裝飾，而每個環節都包含著許多知識點、方法論、執行力和糾正偏差的能力。

好女人賺錢不矯情，花錢不囉嗦

01

我和一位知名圖書策劃人聊天時，問了她一個問題：如何度過工作中最辛苦、最迷茫、最疲勞的階段？

她的回答很酷，說：印象中好像沒有特別辛苦、迷茫、疲勞的階段。她解釋說，自己會盡量避免陷入自我憐憫、自我感動的想法中，所以，一般不會想「我有多辛苦」、「我有多努力」，因為這樣容易把精力從「事」轉到「情」上，最後可能會把「事」和「情」都搞砸。

她想得最多的問題是：讀者需要什麼，而我能給出什麼。為此，她做足了準備功課，比如查閱同類型的書籍在電商平台上幾萬甚至數十萬條的留言，並歸納出下一本書的策劃要點。當感到身心疲憊時，自己就去睡覺休息；把事情做完後，再從獎金中抽出一定的比例，大大方方地獎勵自己。

其實，我能想像這其中海量的工作。但這位圖書策劃人說話時理性、客觀、情緒平穩，用著無關痛癢的語氣和措辭，好像是在說不相干的陌生人，而不是一路摸爬滾打的自己。

那次聊天給了我很大的觸動，我特別佩服她賺錢時避免自我憐憫、自我感動式的矯情，花錢時避免不捨得、猶猶豫豫的拖拖拉拉。

02

我在微信朋友圈裡看見有人發出晚上自己把頭倚在公車玻璃窗上的自拍，或者寫下生理期上班嗓子不舒服的文字。我猜想，這樣的朋友圈應該是分群組的吧，可是該怎麼分組呢？

給父母組看到，父母看到自家女兒辛苦成這樣，整日披星戴月，帶病工作，會不會心疼地讓女兒回老家？

給同事組看到，主管嘴上說讓妳保重身體，心裡卻在想妳的工作績效；同事看著妳拚成這樣，覺得妳是在邀功。

給朋友組看到，北京、深圳、杭州的朋友看了，覺得晚上八、九點下班還不錯，是再正常不過的日常，不知道該比苦，還是該感到安慰。

我的幾個年輕女性朋友跟我聊天，話裡話外也總流露出「矯情」。她們愛把「工作忙」掛在嘴邊，為她們作證的是朋友圈裡各種加班黑眼圈和帶病趕進度的圖文，而不是扎扎實實的工作績效和階段性成績。休假出遊時，她們會看看工作群組裡熱火朝天的景象，接到工作電話嫌麻煩，沒接到又玩得不踏實，失望與心慌並存，感慨工作離開誰都能轉，安慰自己「別太把自己當回事」。

我覺得，其實很多人生問題是在賺錢時埋下的，但要等到花錢時才能發現。

有些人平時買個東西恨不得貨比三十家，挑挑選選，等店家打折，下單後買來又不滿意，再花更多的時間折騰退換貨。

有些人旅遊住飯店，覺得飯店環境差、房間小，想加錢住得更舒服，但住好飯店又覺得花錢太多，住一般的飯店又感慨自己只配這樣的生活，這種糾結讓人很鬱悶。

據我觀察，賺錢時矯情的人和花錢時囉嗦的人，很可能是同一種人；工作時喊累的人和生活裡哭窮的人，很可能也是同一種人。

而那些活得很舒心的人，無非是做到了賺錢時拚命、花錢時盡興。

03

我剛工作時，也掉進過「賺錢矯情，花錢囉嗦」的惡性循環。

有一次我去廣州見兩個高中同學，吃飯時，我自顧自地說起工作多忙、多累，同部門的兩位同事休產假，我工作時以一抵三；集團開發新系統，完成基本工作之餘，我還分身乏術地負責測試……

我的那兩個高中同學笑而不語。那一刻我才醒悟，他們從事金融領域的工作，工作強度比我大得多。但他們身邊的人都是這個工作強度，所以他們與其抱怨，耗費心力，影響心情，不如吃頓好的，再好好睡一覺。

那一刻，我意識到自己太矯情了。我漸漸發現，工作中的矯情不僅無用，還容易讓人感到勞累和軟弱。工作中，我們應該少點矯情，多做有建設性的事。回到公司後，我把工作進行量化，說服主管增派人手，最後主管讓總部的程式設計師出差來協助我度過難關。

矯情是種自我欺騙，會放大自己的辛苦和努力，會降低自己對工作的熱情，進而對工作的回報產生不滿。

很多時候，一個人越矯情，越做不好工作。

我以前喜歡的一個網紅，有段時間她天天說自己做產品有多受罪，經常挑燈夜戰，三餐混亂。我心疼她，買了她賣的衣服。結果，試穿了一次後就沒有再穿，因為布料不夠好，做工也不好，到處都是線頭；再看銷售訊息，銷量和評價也都不是很好。於是，我很想隔空給那位網紅帶句話：長期發展不能靠矯情，要先把事情做好。

而且矯情還需要另外花錢把不足的補上，就像主持人馬東說的，心情好的時候，手上能剩多少錢才是你真正的薪水。

如果你總覺得客戶難纏，事情繁雜，心情不好，必須要找人喝點酒、唱首歌才能消解負面情緒，那你實際的薪水比你拿到的會低很多，因為還得扣除你喝酒、唱歌的開銷。

矯情久了，不僅別人會反感，就連自己都會不待見自己。你想過怎樣的生活，就得付出相應等級的努力。

其實，縱向比較之後，明明只是一件小事，並不辛苦，你非要做出一副受盡委屈、吃盡苦頭的樣子，等著別人來安慰、同情。要知道大家都很辛苦，也都很忙。工作的常態就是不停地解決麻煩，如果身體實在吃不消，那就換一份工作。人越成熟，越要學會過一種「沒有旁觀者」的生活。

04

一個採訪影片提到，「九〇後」逐漸成為社會消費主力軍，社會上常對年輕人有不節儉、亂花錢的刻板印象，但一個「九五後」的男孩表示，能多賺錢，就不算亂花錢。

不用拿名貴的物品來證明自己，也不用糾結東西貴或不貴，不在意別人如何看待自己的消費，在他眼中，買東西最主要的就是看自己是否喜歡。

其實人們都不喜歡自己花錢時囉嗦的狀態。以我的經驗，一個人想跳出「賺錢矯情，花錢囉嗦」的惡性循環，關鍵就在於賺錢時不矯情。你把矯情的工夫都用在踏踏實實地工作上，比什麼都重要。

「知乎」網站上有個問題：不矯情的人生是什麼樣的？

網友 YannF 說：問題來了就解決問題，問題沒來不自尋煩惱；犯錯誤後就修正，暫時順利就感恩；不擔憂，不恐懼，不閃躲，不抱怨；有事說事，沒事不話多。

我身邊這樣的賺錢高手，總能和工作中的不順和諧相處。他們明白工作本身就是由很多麻煩事組成的，但他們更加樂觀，不會因悲傷而自憐自艾，不會因空虛而惺惺作態，並且善於從苦累中挖掘、放大喜樂感和成就感。

在我看來，我們應該賺錢時拿出自我憐惜和自我感動的時間全力以赴，或者養精蓄銳；花錢時拿出耗時比價的精力，買後無悔，樂在其中。

朋友們，把自己的神經調粗吧，在人生變得艱難以前，先讓自己變得更強。

妳這麼漂亮，千萬不要輸在體態上

01

市中心新開了一家商場，我和朋友約著去逛，路過一家兒童形體和藝能培訓機構。我順著門口望進去：裡面有一面大鏡子，一群小朋友依次排開，立正站好，目光向前，嘴裡叼著一根筷子，有幾個孩子的膝蓋內側還夾著一本書。老師逐個糾正姿勢，有時拍孩子的背，有時壓孩子的肩，有時按孩子的下巴。

我不禁感慨，現在連形體和姿勢都從孩子開始教起了。

朋友順勢回憶起她練舞時的情形。她從小開始學跳舞，學習了十多年舞蹈，練形體時，需要對著鏡子立正站好，挺胸收腹，面帶微笑，一站就是幾個小時。如今，她已多年不跳舞了，但氣質依然出眾。我和她走在一起，總會下意識地挺直腰背，注意舉止。

我讓她教我保持體態的秘訣，她告訴我：挺背、沉肩。她解釋說，別小看這四字心經，背向上挺，肩向下沉，身體會感覺到一股向上和向下的力量在相互對抗，等到習慣之後，在這一基礎之上的一切動作都會變得好看很多。

02

體態好看，對一個女生來說，到底有多重要呢？

有一次我跟團去泰國旅行，第一眼就注意到團裡的一位美女，她身材高眺、儀態大方。在飛機上，我的眼神不自覺地就看向了她，因為在現實生活中，我很少能看到這樣站有站相、坐有坐相、走有走相、吃有吃相的人。

她吃飛機餐時腰挺得很直，兩肩舒展。這一幕甚至讓我產生了她吃的究竟是飛機餐還是晚宴的疑問。旅行時，我拿著手機四處拍照，有幾張照片中，她無意中作為背景入鏡。體態好的人無論在哪裡都能吸引人目光，哪怕她只是在照片中作為背景出現，也能讓我情不自禁地放大照片細細欣賞。

在我的婚宴舉辦之前，我媽為自己訂製了一身紅色旗袍。老裁縫邊量尺寸邊向我媽確認她平時走路、站、坐的姿勢。那位老裁縫告訴我媽，按照測量值做出的衣服會稍微偏大一些，因為一般人測量時會刻意抬頭挺胸，而平時身體總是會縮著。要想穿出衣服的最佳效果，就需要像測量時那樣，保持抬頭挺胸，肩背舒展。

一件中低等級的衣服穿在一個擁有勻稱身材、良好體態的人身上，效果會比一件高檔衣服穿在不注重身材和體態的人身上更有美感和高級感，所以，連服裝設計大師山本耀司都說：「為什麼不塑造出好身形，運動出好體態，然後再來穿這些衣服呢？」

我從心裡佩服那些體態優美的女人，從表面上看，她們讓人賞心悅目，對衣服有更強的駕馭能力，但從本質上講，這是她們精神上生機盎然的挺拔感傳遞到身體骨架的結果。

03

幾年前，一個電視節目單位來我們公司拍節目，節目內容需要有人出鏡，而我則被派去當背景。

後來，我一直期待節目播出，還拿手機把節目錄了下來，自己紅著臉仔細看了好幾遍，覺得鏡頭裡自己的形象很彆扭，表情也很奇怪，心裡感慨：還好上鏡頭的時間短。

我體態普通，但鏡頭會放大我的不足。拍攝前，我拚命暗示自己，體態雖然基本上保住了，但表情很不自然。因為保持體態這件稀鬆平常的事，就占用了我很多的注意力，再加上當時我本來就很緊張，還要記著流程和走位，所以整個人顯得很做作。

從那以後，我深刻地意識到，只有平時就注意體態，有目標地矯正錯誤的體態，才能讓良好的體態成為自身的獨有氣質，建立在這個基礎上的言行舉止才會更加協調、大方，於是，我把練習體態排進了計畫表中。

04

前年上半年，我去上了體態練習課。

在泰國旅行時結識的那位體態出眾的團友——在跟她聊天後我得知，她以前做過模特兒，現在是形體培訓師，在她的介紹下，我報名參加了他們機構其他班級的體態培訓課。

講課的老師也是模特兒出身，每次上課，我都喜歡觀察她演示的走台步，步伐邁得果斷，停得乾脆，瀟灑俐落，氣場超強。

我們每堂體態課的流程是這樣的：

1.貼牆站立：背靠牆面，身體立正，雙腳併攏，後腦勺、兩肩、臀部、小腿肚全部貼緊牆壁，這樣站十分鐘，並不輕鬆。

2.壓腿壓肩：在老師的節拍中，我們把一條腿搭在欄杆上，分別正壓和側壓，然後雙手放在欄杆上，肩背盡量下壓，讓肩膀最大限度地打開。

3.基礎訓練：把走路拆解為上身和下身，上身主要練習提氣（把氣吸到襯衫第二顆鈕扣處）＋挺腰＋收腹。下身主要練習擺動膝蓋，糾正內、外八字。

4.台步練習：學員們排著隊開始正式走台步，老師會在旁邊指出各自的問題。

經過半年的練習，在老師的指導下，我發現了自己體態上的很多問題。透過對這些問題的糾正，在有足夠注意力的前提下，我的體態明顯改善。

下半年，我又去上了瑜伽課。

每次上瑜伽課時，我都會被老師的這句話洗腦：「肩膀下沉，讓肩膀遠離你的耳朵。」後來，這句話成了我站立、行走的提示音。

疫情期間，我們上雙向視訊課，大窗口顯示老師的標準動作，右下角小窗口顯示自己的動作。我在做瑜伽動作時，稍一用力，就很容易聳肩、弓背。老師時常提醒我們「手臂回插關節窩」，如果不經老師提醒，我們自己很難注意到。

針對自己的狀況，我覺得體態訓練的重中之重就是沉肩，只要肩膀往下沉，脖子就會顯得修長，鎖骨就會像水平線一般優美。若堅持沉肩，長此以往，背部會變薄，脖頸會更修長。

報名學習形體、瑜伽課程時，老師會手把手地教你，並指出你的問題，這會讓你的體態修煉事半功倍。當然，你也可以在家看著影片練習。在掌握了正確的姿勢後，接下來就是在日常生活中長久堅持。

在我看來，憑著幾節課就想扭轉自己幾十年積累的體態問題根本不切實際。良好、優美的體態需要長時間的暗示和注意，靠著這種自律，直到形成肌肉記憶，形成條件反射，讓挺拔感貫穿在你的言行舉止之中。

改善形體和體態需要做好長期「抗戰」的準備。改變從當下開始，早改就是早賺。妳那麼漂亮，千萬別輸在體態上。

變漂亮了的開心，是藏不住的

01

女性朋友失戀，我去陪她。

給我開門的她，睡衣鬆鬆垮垮，顯得很沒有精神，嘴唇乾白，氣色很差。我說她的眼睛已經腫到把雙眼皮的皺摺都撐開了。然後，她去洗手間照了照鏡子，洗了把臉，出來後問我，看著有沒有好一些？我說還是有些紅腫，於是順手把她化妝桌上的臉部按摩器遞給她。她在眼周塗了一層厚厚的眼霜，然後用按摩器在眼睛周圍輕輕按摩，按摩完眼部，她順便把全臉也按摩了一遍。

我誇她立馬變漂亮了，眼睛的紅腫也消退了不少，整張臉感覺緊致了許多。她盡力遮掩嘴角的笑意，說著「哪有啊」。我知道她心裡在呼喚我「繼續誇，不要停」，於是我趁熱打鐵，催促她趕緊化個淡妝，換個髮型，換身衣服。

等她打扮一番後，我更是「加油添醋」地誇她衣服好看，向她要衣服的購買連結，誇她的口紅顏色使人顯白，詢問是什麼色號，我們越聊越開心。

女人變漂亮了的開心，果然是藏不住的。

02

女人變漂亮，本身就是件值得開心的事。

有部日劇叫《外貌協會100％》，劇名雖然浮誇，但故事設定很有意思：三個造紙廠實驗室的女研究員，穿著寬大、土氣的工作服，過著自卑、內向的生活。一個化妝品公司打算把造紙廠研究的奈米碳纖維應用到新型粉底中，於是收購了該實驗室，三位女研究員成了化妝品公司的研發人員。

但三位女研究員不修邊幅、缺乏自信的樣子，讓她們無緣於公司的核心研發案，於是她們決定開啟改善外表之路。從護膚、護髮到妝容、髮型，再到穿衣搭配，提出問題，收集訊息，對比鑑別，得出結論，再運用到工作和生活中。

她們研究露肩裝時，提到了讓鎖骨變漂亮的鎖骨體操：1.用手指輕輕按壓鎖骨下方十次左右；2.用手指夾住鎖骨向外推；3.將手放在肩上，手肘抬高至肩膀高度，前後各旋轉十次；**4.**平時注意體態，特殊場合還要使用鎖骨化妝術，即先擦保濕霜，再上蜜粉，最後打立體光，營造出立體感。

她們研究洗髮精時，提到了讓髮質變得更柔順的洗頭方法：**1.**洗頭前要輕輕梳頭；**2.**用洗髮精前要沖洗三到五分鐘，這樣能洗掉頭髮上的大多數污垢，也讓頭皮污垢更易於清洗；**3.**洗髮精不能直接抹到頭髮上，要先在手上搓出泡沫；**4.**用指腹溫柔地按摩，護髮乳不要接觸頭皮，要確保洗髮精被沖洗乾淨。

雨天時，白色、黃色等亮色的雨傘能讓人容光煥發；拍照時，按快門的瞬間用鼻子吸氣會顯得鼻梁很挺。

生活當然不是百分之百依靠外表，但不得不承認，越長越漂亮的女人都不簡單，因為她們需要有良好的審美、對自我的了解，以及對訊息的收集、細緻的研究、取捨的智慧、方法的實踐和持續的自律……如此這般，循序漸進地內化於心，外化於行，才可能讓外表有所改善。這種開心和自信是藏不住的，也是不需要隱藏的。

03

我很喜歡一句話，「肉身不美，我執深重」。長相普通的我，從來沒有隱藏想讓自己變得漂亮一點的願望。我對變美的理念和方法有收集癖。為了收集這方面的資訊，我找來了不少養顏養生、皮膚醫美的訊息，甚至是素人或名人的變美心經，也都會認真研究。我如果看藝人採訪，一聽到她們談保養話題，耳朵就豎起來了。

我還會定期看一些有關變美的綜藝節目和紀錄片。然後，我會把從書籍、雜誌、電視或網路上收集到的變美資訊存在筆記本或手機裡，沒事就翻看、嘗試。

在看有醫學背景的作家馮唐的書時，我就摘抄下類似的內容：「教中醫的男老師膚白粉嫩，四十多歲的人看上去像二十多歲的……他反覆強調，即使我們什麼都記不住，也一定要記住足三里——『母雞穴』，沒事每天自己按按，等於天天吃一隻大母雞。」在看狀態一直都很好的孫儷的微博時，我就收藏了「每次臉上長痘痘，我都會在早上喝點淡鹽水，很管用，當然，最重要的還是飲食清淡。」

我在海綿式地吸收資訊後，還要淘金式地篩選，以「有沒有科學依據」和「適不適合自己」作為是否進行下一步驗證的前提。

現代社會，變美訊息紛繁複雜，有的存在商業利益關係，有的適合別人卻不適合自己。因此，我們需要多收集、多思考、多實踐，選擇適合自己的方法，並持之以恆。

有的人從來沒有買過名牌保養品，也沒吃瘦身特效藥，更沒做醫美「大禮包」，卻能真正由內而外地變漂亮。

年紀越大，我越不相信用一套名牌保養品就能讓膚質逆襲，喝一款網紅減肥茶就能讓身材變得更有型。而且，醫美有風險，嘗試需謹慎。如果你沒有健康、自然的審美，沒有對自身外貌的充分了解，沒有對醫美機構資質的鑑別能力，就盲目選擇了醫美，可能會毀容又毀心。

變美是一個長期的工程，不能一蹴而就，需要長時間保持良好的飲食、作息、運動和情緒等生活習慣，需要摸索出真正適合自己風格、氣質、穿搭的裝飾，而每個環節都包含著許多知識點、方法論、執行力和糾正偏差的能力。

折騰了這麼多年，我的體會是：雖然自己的外表並沒有發生質的改變，但膚質、髮質、身材和氣質還是有或多或少的改善，這讓我感到欣慰。

04

我曾在微信網路評論區發起徵集訊息的活動，收集大家的變美經歷。

有人說自己每天堅持用熱水泡腳，以前胃病嚴重，現在好了很多，睡眠品質和免疫力都得到了提升。

有人說自己讀研究所後，保持飲食清淡，多吃五穀雜糧，晚上用紫薯代替米飯，堅持了兩年，後背多年頑固的痘痘消失了。

有人說自己每天飯後堅持站立半個小時再坐下，一個月瘦了二．五公斤，肚子和臀部尤為明顯。

有人說自己堅持一週至少練習三次瑜伽，除了形體上的改善，內心也變得更平靜了。

有人說自己每天出門前，拉矽膠拉力器至少五十下，出門旅遊也帶著拉力器，身材線條變得越來越好。

有人說自己走路有意識地收腹，看到反光玻璃就會觀察自己的儀態，發現哪裡不好就立刻改正。

有人照著網路上的影片每天練習天鵝臂運動，肩、頸變得順眼了不少。

有人學習並堅持使用巴氏刷牙法，牙齒問題減少了許多。

有人坐著的時候長期用腿夾住名片，腿型改善越來越明顯。

……

看著大家的留言，我的眼前彷彿浮現出一張張驕傲、自信的臉龐，每一條留言背後都是一部變美奮鬥史。那些諸如「每天」、「堅持」、「經常」的關鍵詞根本不是件輕鬆、容易的事，所以大家千萬別小看一個越長越漂亮的女人。

儘管社會上還是有「美女是花瓶，注重外貌是向男權低頭」之類的偏見，但我更願意相信自己的感受，畢竟透過自律讓自己變美，進一步有一步的歡喜。

女人應該把心放在變美、變好上

01

有天我和寫作搭檔慶哥聊天，她說寫作思慮過度，白髮越來越多。真巧，我也是。我之前掉頭髮，掉的還是黑頭髮，當時還納悶，白頭髮為什麼長得那麼牢固？當看到自己掉白頭髮時，我又想黑頭髮是不是掉得差不多了，心情更加低落。

我和慶哥勸慰彼此，珍重頭髮，減少操心。

後來，我新增了一個日常小流程，就是定期修剪自己看得見、剪得到的白頭髮，一邊剪一邊自我暗示：既然有些心不操不行，那就盡量把心思放在讓自己變美、變好上。若把心思花在無關緊要的事情上，我就對不起自己變白和掉了的頭髮。

操心是女人常見的心理活動，我們不是被別人操心著，就是操心著別人。

我不喜歡讓人操心，這種感覺會讓我覺得自己能力欠佳、智慧不足，需要別人額外調撥注意力給我。

在我沒主動開口求助之前，別人若給我太多的意見和建議，就會干擾我的判斷。若我聽從了對方的說法，而事態發展不如意，我就會心生埋怨；若我沒有選擇對方的建議，我還得想辦法解釋，這也會讓我徒增壓力。

因為不喜歡讓人操心，所以我也不願意多為別人操心，哪怕是出於好意，也擔心可能會給別人帶來壓力。

02

自己主動操心，還把心操碎了的情況，一般分為兩種：

第一種，為別人操吃力不討好的心。

你愛為別人操心，經常是吃力不討好，基本上別人該怎麼做還是會怎麼做，很少有人真的會按照你所設想的劇本「發展」。連受過專業訓練的醫生都只敢說他們「總是在安慰，常常在幫助，偶爾能治癒」，我們又哪來的自信，能幫別人解決人生難題？

一個人越替別人操心，越容易把關係搞差的例子我見過太多。我的一個女性朋友就有這樣的經歷。同學向她傾訴，說發現男友手機裡有曖昧訊息，我的這個女性朋友就把自己的想法代入其中，越過邊界地勸分不勸合。最後同學和男友和好，弄得她裡外不是人，她和同學後來也漸漸疏遠。

說句實在話，為別人操心是很累的，當你開始決定操這份心，你就得關注事情的發展動態及各方的利益和訴求。你要掌握背景，了解變化，預測走向，還得運用心理學、溝通、博弈等多種技能，這不亞於在工作中接了一個燙手的案子。

即使你這般掏心掏肺，入戲頗深，用心出力，結果卻很容易演變成情商堪憂、管得太寬，對方非但不會領情，還顯得你做事很沒有分寸。究其原因，是我們站在自己的立場為對方出主意，卻不能為此負責，而且那種「別人都『當局者迷』，只有自己是『旁觀者清』」的優越感和主導感，很可能會引起對方的反感。

與其主動為別人操心，不如在別人主動找自己幫忙時，先權衡自己是否有這方面的能力，是否能克制住自己的代入感，適當地從旁觀者的角度為別人補充每種選擇可能出現的利弊，然後把決策權交還給對方。如果朋友不幸受挫，暖心安慰或者幫忙善後，才是為他操心的正確方式。

第二種，為自己操沒有建設性的心。

我在懷孕期間常有操心感，每次產檢前，都會操心到失眠。

後來我聽了北京協和醫院馬良坤醫師的課，她有句話說到了我心裡：「孕婦要分清這世界上的事分為三種——自己的事、別人的事和老天的事。比如孩子的性別、有沒有缺陷、長不長胎記，這是老天的事，你無法改變，操心也沒用；比如老闆給你的壓力太大、另一半沒有給你做飯、坐公車沒人給你讓座，那是別人的事，你難以改變；飲食夠不夠健康、運動達不達標是自己可以做好、管好的事。聰明的孕婦要做到管好自己的事，少管別人的事，別管老天的事。但很多人都想不明白，每天操心老天的事，總去管別人的事，就是不理會自己的事。」

這句話點醒了當時的我，讓我明白，我應該把別人的事和老天的事放到一邊，鄭重地對待自己的事，記錄並調整好自己每日的飲食、作息、運動和心情。

我有瞎操心的閒工夫，不如守住好不容易讓自己變美的勝利果實，不要因為懷孕讓自己又醜回去；多提升自己的業務能力，多思考寫文章的事，把工作做好，當生活對我露出獠牙時，至少薪資帳戶上的數字還可以幫我緩衝一下緊急狀況。

03

我的一個讀者群組叫「又忙又美行動派」。有一天，一個年輕女孩在群組裡問大家，男友發了條朋友圈，卻封鎖了她。她知道後質問男友，男友說自己封鎖錯了，本來是只想發給她看見的。後來這件事深深地困擾著她。

群組裡一位結婚十年的讀者分享道：「懷疑無非是自尋煩惱，頭腦簡單的我習慣先把自己變好，工作做好，在變瘦、變美、變好的道路上勇往直前。」

在我看來，真正過得好的人，分得清自己真正應該在乎什麼事情，並為之操心，為之行動。

把心操在自己更能掌控的事情上，優於把心操在和別人有交集的事情上；把心操在優先等級最高的事情上，優於把心操在不重要的小事上；把心操在準備工作上，優於把心操在對結果的耿耿於懷上。

減少對各種小事的操心，會讓我們的人際關係變得更輕盈、家庭關係更和諧、婚姻關係更健康，自己的身心狀態也會越來越好。

04

現階段，我寧願在把自己變美、變好的事情上操心。變美、變好的前提是你必須有精力充沛的軀體，能夠充實地工作和生活。

在我眼裡，美，意味著身心健康，有品味、有愛心、有精氣神；好，意味著自己的職業技能有積累、知識密度有提升、眼界更開闊，讓自己更有生產力、創造力，能為別人解決問題，能為社會創造價值。

為此，我特地訓練自己的大腦進化出一個篩查准入機制，一件事情在進入大腦前，要先判斷這件事情能否讓我變美、變好；如果沒有半點好處，大腦就可以直接「拒絕進入」。這種機制為我擋掉了不少煩惱，是人生最精準的斷捨離。

當然，每個人在每個人生階段都有自己的重點。如果你覺得變美、變好不是你當下的核心訴求，你完全可以用其他追求進行替換。當你找到讓自己覺得幸福且重要的目標，並讓它成為自己生活的中心，其他美好也會紛至沓來。

總之，下次操心時，你就把自己揪到鏡子前捫心自問，是嫌自己脫髮不夠嚴重、白髮不夠多、眼圈不夠黑，還是結節不夠多，並認真反思自己近期把心都操在了哪些方面。如果你把心操在重要且必要的事情上，那還說得過去；如果你把心操在了老天和別人的事情上，那就請速速糾正偏差。

記住，動不動就為小事操心，會耽誤你變美、變好的大業。

時間管理是件順其自然的小事

01

紀錄片《城市24小時》的〈深圳篇〉裡，劉蔓是某公司股票業務部的高階管理人員，她的上午一般是這樣度過的：

六點開車出門，邊開車邊聽財經新聞。

七點三十分開交易日的例行晨會，和北京、上海、香港的同事進行四地通話，一邊聽同行的分析，一邊飛速地閱讀超過十萬字的資料，並以此來判斷股市走向。雖然濃茶和咖啡能幫她保持清醒，但她必須控制自己的飲水量，因為接下來的四個小時她會忙到沒時間去廁所。

九點三十分股市準時開盤。劉蔓坐在交易室中央，她的左邊是助手和交易員，桌上有五個螢幕、兩個鍵盤、一部手機、一張草稿紙、一台筆記型電腦，還有一部可以同時連接一百條線的電話機。為了避免碰撞降低雙手的操作速度，她特意把耳機線擰成麻花狀。

透過看一個人對待時間的方式，我們就能看出他在追求怎樣的生活。

正如蘿拉在演講「如何掌控你的自由時間」裡所說，人們總以為把零散的時間節省下來，就可以做很多事。但她的結論是，並不是靠節省時間創造想要的生活，而是先創造自己想要的生活，時間自然就節省下來了。

02

我喜歡並受益於工作之餘寫作的活法。這些年來，每當覺得時間不夠用時，我就會升級時間管理術，比如聽提高效率的課，看精力管理的書，把接地氣、易操作的方法穿插進我的工作和生活中。

我用自己獲得的經驗，與大家分享一下我是如何讓一天變得有延長感的。

堅持早起

早上五點多起床，我堅持了十四年。

我從大一就開始早起學英文，受益匪淺後便一發不可收拾。畢業、工作、結婚後，我漸漸習慣了早起。我喜歡每天早上醒來就能想到要做的事、要看的書，瀟灑地掀開被子，像個披甲上陣的女戰士。

身、心、腦迅速清醒後，我便進入寫作狀態。通常我會在前一天就定好選題和開頭，第二天早起後就接著往下寫。我在早起的時光裡頭腦歡騰、靈感洶湧，敲擊鍵盤都很有節奏感，寫到該出門上班時還意猶未盡。如果寫作狀態不佳，我就閱讀一本書，在靜謐、溫馨中與作者共赴一場高品質的私人約會。

早起讓我遠離一切不確定的訊息，高效從容、有條不紊地去做自己喜歡的事，其效率可觀且體驗美好。

不是每個人、每個階段都適合早起。每個人在一天中的精力分配各不相同，你要找到自己精力旺盛的時段，並把它用來做自己喜歡且重要的事。

調整順序

以前我早起後才開始計畫日程、安排待辦事項，後來我發現，把制定計畫前置到前一天的晚上，並寫好文章的開頭部分，這樣效率更高。

早起後，我會壓縮不必要的儀式感，因為早上是我大腦運轉最快的時間，此時，我要去做最有創造力的事。

所以，當天要穿的衣服，我會在前一天晚上提前選好、搭配好、熨好，連要穿的鞋子，我也會鞋尖朝門放在地墊上。

一週中，我有一、兩天需要在微信上發送文章，我會事先在家裡修改、排版，上午十點左右，搭檔會幫我發送。

很多人中午休息時間一到就會去吃飯，但我發現我的歷任主管吃午飯都會避開人潮高峰時段。每個人都有自己習以為常的做事順序，但他們很少會反思有沒有更加省時的排序。有時我們只要改變做事的順序，就能節約許多時間。

時間疊加

減肥真人秀《哎呀好身材》裡，女藝人張天愛早上起床就練習倒立，就連刷牙也不忘伸展手臂、拉伸腿筋。在工作人員給她上妝時，她還見縫插針地舉小啞鈴。晚上回到家，卸妝的同時，她還會在洗手間裡做深蹲；敷面膜的同時，還會在瑜伽墊上做拉伸。

生活中固然有許多重要的事情需要全神貫注，但對於那些不需要腦力高度集中、持續很長時間的事情，你完全可以用「一邊……一邊……」這個句式，比如：在上班的路上，一邊走路，一邊聽音訊課程；一邊看綜藝節目，一邊拉伸、扭轉身體；一邊塗抹保養品，一邊膝蓋不超過腳尖地做深蹲；一邊貼著牆壁練習體態，一邊用手平舉書本看書……

在同一時間內，我們可以同時兼容兩、三種持續的狀態，利用時間的疊加和並行，讓時間做乘法。

重視小事

我曾在「知乎」網站上看到一個例子，一位地產大亨乘坐地鐵時都要仔細計算，車門打開時應該站在哪扇門前，以及坐哪節車廂抵達目的地時，那節車廂的那扇門會正好對著出入口的手扶梯，如此一來，他就能趕在其他乘客蜂擁而出前率先踏上手扶梯，避開擁擠人群，節約時間。

很多高效能的時間節約術，就藏在生活的細節裡。

以前我住高樓公寓時，電梯特別難等，每次出門，我先不鎖門，按好電梯後我再回去鎖門。還有進電梯後，很多人都是先按樓層鍵再按關門鍵，其實先按關門鍵再按樓層鍵更加節省時間。

我會在辦公室準備文具隨身包，把相對固定的物品和文具放在透明的袋子裡，外出辦事時，只需增添特定資料就可帶上包包出發。

經常出差的人可以準備一個出行隨身包，洗護用品無須每次更換，如無須補充，下次只需帶上要穿的衣物即可。

自己做的飯菜更稱心。每次我去菜市場買肉，會讓店家幫我沖洗後切片，分裝成若干袋，以後每次做飯時，單拿出一袋解凍即可。

你在別人不在意的小事上多花一點心思，就可以省下不少時間。

優化工具

現代人可能除了睡覺，與手機相處的時間是最長的。我會在經濟條件允許的範圍內，買技術領先、容量最大的手機，因為手機的很多功能可以幫我節省時間，比如解鎖，指紋或人臉識別解鎖比數字密碼解鎖更快。

整理寫作素材時，有些需要用到的課程或演講材料沒有文稿版本的話，以前我會一句句暫停並記錄，效率特別低。現在我有兩支手機，其中一支打開速記軟體持續記錄，另一支手機調成一點二五倍速播放，我把它們緊靠著放在臥室，一個速讀，另一個速記，在音訊自動轉化為文字的過程中把自己解放出來，過一會兒再去「收割」文稿。

以前發出的微博內容寫錯一個字就只能刪除重發，開通微博會員後實現了直接修改、編輯等功能。

手機和電腦是大腦的延伸，專心工作時，手機眼不見為淨，更省時；瀏覽網頁時，按空格鍵比拖動游標更省時。諸如此類的很多功能，都可以讓我的工作變得更加高效率。

槓桿思維

有槓桿思維的人，懂得用最少的時間撬動自己或別人，獲得最大的成果。

同樣是分析數據，沒有槓桿思維的人習慣用辦公軟體的一般功能逐個查看、統計、對比數據，這樣很浪費時間；而有槓桿思維的人，用函數或程式，幾分鐘就可以搞定。

同樣是編輯檔案，沒有槓桿思維的團隊，一個人改完，交給下一個人繼續改，文件多次傳輸，浪費時間；而有槓桿思維的團隊，會用共享文件之類的工具，實現多人在線同時編輯。

同樣是搜索資料，沒有槓桿思維的人只知道在搜索欄中輸入關鍵字，結果搜出了海量的結果，再大費周章地篩選訊息；而有槓桿思維的人早已掌握限定時間範圍或文件類型、排除廣告等高級搜索指令，讓搜索變得事半功倍。

同樣是提交報告，沒有槓桿思維的人，做完後隨便檢查一下就發給上司或客戶；而有槓桿思維的人，檢查檔案時，連全形、半形的標點有沒有混用這種細節都能發現；檢查表格時，調成方便對方直接列印的格式，自己多花點工夫，方便上司或客戶。

工作中我常提醒自己，要對簡單重複的操作保持敏感，培養槓桿思維來節約時間。

03

有人說，「忙」字拆開來看就是「心亡」。但在我看來，一個人只要確立了自己想要的生活狀態和目標，時間管理就是件順其自然的小事。我們在該做、必做的事情上「錙銖必較」，想方設法地節約時間，再把節省下來的時間放到自己喜歡和享受的事情上。如此這般，我們在忙的時候沒有忙到「心亡」，閒的時候也閒得從容。

什麼樣的女人活得又美又爽？

01

某個週末，朋友請我在商場的一家餐廳吃午飯，慶祝她升職加薪。那天，我因為有事在身，不能逗留太久，需要在下午兩點前離開，於是我們在餐廳點了飯菜，邊吃邊聊。

時間接近一點半時，我看見她從包包裡拿出濕紙巾仔細擦拭雙手，然後又拿出防曬霜塗抹在手上，手指部位塗抹得尤為細緻。

我很納悶，問她手上為什麼要抹防曬霜。朋友說她預約了這個商場地下一樓的美甲店，等我離開她就去做美甲，現在塗好，半小時後防曬效果正好。

看我還很納悶，她進一步解釋說，有段時間她做美甲時發現手指越來越黑，一路尋找原因，發現是做美甲時的光療燈所致。她查了資料，做了功課，找到了最終的解決方案：要嘛戴美甲防紫外線手套，要嘛手部塗防曬霜，她覺得後者更方便，於是每次做美甲之前，她就會提前半小時做好手部的防曬工作。

聽她講完後，我心裡不禁讚嘆了一句：愛美的女人，果然努力勤奮。

我覺得她的愛美不在於她做不做美甲，而在於她細緻地發現了生活中導致身體變化的現象，並且善於觀察變化，追查原因，大膽質疑，小心求證，然後在解決方案的集合中鎖定最適合自己的方法，並形成習慣。

02

我曾和同事聊起各自去日本旅行的經歷。同事說，她在日本之行中印象最深的一幕是，她住在某個飯店，燒了開水倒進保溫杯裡，她敞開杯蓋，想把開水放涼。與她同行的朋友約她下樓去便利商店買東西，她只帶了錢包和手機就匆匆出門了。

等她再次回到飯店時，碰到剛打掃完房間的清潔阿姨，她是這樣形容那位阿姨的：「眼角、嘴角有小皺紋，但皮膚質地整體很好，是那種看得出上了年紀，但又看不出實際年齡的女性。」

她進屋後，看到桌上的保溫杯上蓋了一張潔淨的紙巾。我和同事就此展開討論，剖析當時那位清潔阿姨的心理活動。她進入待打掃的房間後，先整體觀察一番，然後發現有個冒著熱氣的保溫杯，她擔心整理床鋪時揚起的灰塵可能會污染了客人即將要喝的水，於是想找個東西蓋在杯子上。可保溫杯蓋就在杯子旁邊，為什麼她沒有把杯蓋直接蓋上，而是選用一張潔淨的紙巾蓋上呢？

我們覺得她是站在客人的角度猜想，保溫杯的杯蓋可能是客人故意不蓋，希望把水放涼，於是她拿了張潔淨的紙巾蓋在了保溫杯上，這樣既可以阻擋因為打掃房間時揚起的灰塵進入杯中，又不耽誤客人想把熱水放涼的初衷。

我和同事經過細節分析，不由得對那位具有敬業精神的清潔阿姨肅然起敬。

幾年前，我採訪過民俗畫家林小姐（林 Caroline），她的作品有美感，人也有仙氣。當我問到她的創作步驟時，她回答：「背景研究、草稿、線稿、上色、調整，直到完稿。」出乎我意料的是，她說，在背景研究上最花時間。

林小姐解釋說：「民俗是一個延展面很廣的課題，我大部分時間都在做背景研究，期望自己是個真實的民俗文化傳播者。比如吃什麼、怎麼吃、為什麼吃，有沒有歷史文獻可以考證。中國地大物博，餐飲菜系和風土民情不同，導致飲食習慣差異很大。我在圖書館裡和網路上查資料，就要花費很多時間。」

記得經紀人楊天真說過一句話：「這個世界上的工作，不分哪個忙或者哪個不忙，所有想把工作做好的人，他們都忙，因為他們要比其他努力的人做更多的事情。」

可見，努力勤奮的女性，不管從事什麼工作，總是精益求精，更進一步，把工作變得有迷人的吸引力。

03

我常常總結那些求助或訴苦的留言，發現很多女人過得不夠爽的原因是心裡裝的東西太多了，什麼都有，有道理、有不甘、有憋屈、有失落、有怨氣……

人的活法是多元的，活得爽不爽，自己說了算。在我心裡，什麼樣的女人能把生活過爽了，我有一套細分體系。

一種是心裡不在乎。她們可能欲望比一般人更低，條件優越，能力超常，所以很多問題她們都不放在心上，活得也算爽。

另一種是心裡在乎。不管她們嘴上承不承認，內心都會有追求和期待，以我對身邊女生和對自己的觀察，多數人都屬於此類。

心裡在乎又可以分為兩種：將在乎轉化為行動的人和沒有將在乎轉化為行動的人。

再進一步細分，心裡在乎且轉化為行動的人，又可分為將在乎轉化為自己行動的人和將在乎轉化為別人行動的人。

心裡在乎，又沒有轉化為行動，或者轉化為別人的行動的人，通常都活得很憋屈。正如北京中醫藥大學的羅大倫博士所說：「憋屈的人容易患上『比較病』、『應該病』、『受害病』和『嫌棄病』。」

所以我的結論是，心裡不在乎，或者心裡在乎，但能轉化為自己行動的人，通常都活得很好。

減不了肥，沒有一家外賣店是無辜的；心情不好，都是身邊那些討厭鬼惹的禍；感情不順，都怪自家男友和別人家男友差距太大；工作不爽，憑什麼苦勞是自己的，功勞卻是別人的？

他們嘴上不服，心裡不甘，消極等待外界或別人做出有利於自己的改變，從來不去想自己能做些什麼積極的改善。

以我對身為天蠍女的自己的了解，我知道很多問題我都是在乎的，比如我的外表不算好看，但我希望自己能變美一點；我的能力不算出眾，但我希望自己可以變得更強一點。所以，與其抱怨身處灰暗，不如提燈前行。

這幾年，我歸納了很多自己所欣賞的女性的優點，發現她們身上有個共同點，就是努力而勤奮。她們能意識到自己內心對事業和美麗的在乎，並珍視這份在乎。而且她們能把這份在乎轉化為自己的行動，總是在自己的能力範圍內「大做文章」，沒有過多地埋怨和要求別人，而是把指責或改造他人的精力用來把自己要做的事情盡力做到最好。事實也同樣證明，把自己變得更好、更強，是解決諸多問題的關鍵。這樣充實又理性的女人，不拖拖拉拉，不囉嗦，能活出又美又爽的自我。

什麼樣的女人活得又美又爽？我覺得她們心裡有自己想要活成的樣子，然後有與之配套的「目標—執行—改善—再執行」的系統；她們眼裡盯著自己的工作，從而稀釋掉了心裡的不甘、憋屈、失落和怨氣。

在負重前行的日子裡，修煉一張歲月靜好的臉

01

我們都想過歲月靜好的人生，想順順利利就能達成理想。實際上哪有什麼歲月靜好，再深愛的另一半也有你不喜歡的缺點，再喜歡的工作也有你不得不忍受的地方。李子柒影片裡的田園生活總是給人以歲月靜好的印象，可我也捕捉到她那雙與年齡不符的粗糙雙手。

有句話說，哪有什麼歲月靜好，只不過是有人在替你負重前行。更普遍的是，哪有什麼歲月靜好，你得自己負重前行。雖然成年人的生活裡沒有「容易」二字，可我還是希望，在負重前行的日子裡，修煉一張歲月靜好的臉。

02

我極為欣賞和敬重那些在負重前行中能修煉出歲月靜好的臉的女人，卡門・戴爾・奧里菲斯就是其中之一。我被這位在七十八歲重返伸展台的模特兒迷住了，並且還特地去查看了她努力背後的故事。查完之後，我越發對她著迷了。

父親拋妻棄女離家出走，她被母親撫養長大，母女二人在陰暗潮濕的房子裡相依為命。她十五歲就開始賺錢養家，她的母親脾氣很差、說話惡毒，原生家庭簡直是一團糟，而她接下來的人生又經歷了三次離婚和兩次破產。

面對三次離婚，她說：「愛情於我就像呼吸一樣重要。」面對兩次破產，她說：「我只是投資失敗，並不是一無所有。在我仍然擁有的東西裡，最珍貴的是誰也拿不走的。」

她在七十四歲高齡時，被一場金融騙局騙光所有財產，但她依然樂觀，「我還有能力養活自己，我對此感到很驕傲。」

她有張站在自己畫像前面的照片，被作家黑瑪亞形容為：「定格了生命中的優雅，毫無興奮、驕傲，毫不自大，溫柔、柔軟地微笑著，像未經世事的女孩，但散發出高貴和氣度。」

她的存在讓我相信：美麗與年齡無關。她比任何一個更年輕、更好看的模特兒都更加光彩奪目。我最佩服她的是，哪怕歲月一點都不靜好，但她還是憑藉著自己的實力修煉出了一張歲月靜好的臉。

卡門遭遇到的事情，隨便任何一件都能把我折磨到崩潰，可在她那張歷經歲月的臉上，居然像什麼事情都沒發生過一樣。她沒有將自己攤成稿紙，任憑歲月隨意刻劃。她眼裡有柔和善意的神采，臉上有堅定優雅的線條，性格裡有明媚豁達的樂觀。她讓我想到《中國合夥人》裡的一句台詞：「如果皺紋終將刻在我們的額頭，我們唯一能做的，就是不讓它刻在我們心上。」

03

歲月不靜好，命運的蹂躪很容易在人的臉上留下痕跡。

通常來說，個性被動的人會覺得自己倒楣，暗自埋怨，日漸自卑，眼睛裡透著怯生生的光，久而久之，臉上會有悲傷的神色。

個性主動的人又可以分為兩種：一種人是雖然克服了困難，戰勝了命運，但他們習慣把命運虧欠自己的不甘、自己成功走出來的自大，化作對人性的不信任，充滿著挑剔、偏激和戾氣，面帶殺伐之氣，眼神犀利。

而另一種人則是在看清生活的真相後依然熱愛生活，受到歲月的「毒打」後，內心依舊晶瑩剔透，眼神裡有好奇和期待，言語裡有柔情和善意，心中有智慧和慈悲。他們明明不屈不撓地和命運對抗過，卻依舊活得平靜舒展，身上沒有絲毫不滿和戾氣。

一個人想要修煉一張歲月靜好的臉，要嘛天生幸運，要嘛後天耕耘。那些以一張歲月靜好的臉示人的人，可能幸運地出生在一個美好、完整的原生家庭中，還有一種可能是，雖然原生家庭不夠好，但他們透過自己的努力處理掉了大部分負面影響。

他們可能一路上幸運地遇到了善良、正直的人，也可能雖然遇到了傷害自己的人，就算無法和解，但也默默堅忍，在心中漸漸釋然。

他們可能會幸運地遇到給自己正面、積極反饋的人，也可能雖然評論各異，但仍清楚地知道哪些負面評論該無視，哪些該轉化成理性的建議，加固自身。

他們可能幸運地從小耳濡目染，養成了良好的性格和思想，也可能透過學習，讓自己的思維和行為能夠「向上生長」。

我羨慕先天幸運的人，但我更敬佩後天努力耕耘的人。他們在生活的萬般刁難下還能留住可愛和溫柔，多麼了不起啊！

那些活出「世界以痛吻我，我要報之以歌」境界的人，他們有哪些力量和智慧可供我們學習和借鑑的？

04 能力強大到爬出弱小階層

黃渤在一次採訪中說：「以前在劇組裡，總是能遇到各種各樣的人，耍著各種小心機，如今身邊都是好人，每一張都是洋溢著溫暖的笑臉。」

當你弱小時，對你不好的人很多，他們常常透過貶損、排擠、嫉妒等方式帶給你負能量；而當你強大時，對你和善的人會越來越多，他們會透過讚美、學習、合作等方式帶給你正能量。

所以，寫私訊給我，抱怨身邊同學或同事說話難聽、做事難看的朋友，與其把精力沉浸在你將來不想與之為伍的人身上，不如置之一笑，增強自身能力，爬出弱小階層，與那些志同道合的人相逢在更高處。

身體強大到享受好日子

怎樣度過人生的低潮期？畢淑敏這樣回答：「安靜地等待，好好睡覺，像一隻冬眠的熊。鍛鍊身體，堅信無論是承受更深的低潮還是迎接高潮，好的體魄都用得著。」

哪怕你現在的生活每天都處於「兵荒馬亂」中，也不要忘記好好照顧身體，盡量做到每日四省吾身：飲食健康否？堅持鍛鍊否？作息規律否？心情愉悅否？

規律、科學的飲食、鍛鍊和作息，能夠增加身體的能量。別讓身體陪你扛過舉步維艱的現在，卻沒有福分享受歲月靜好的將來。

內心強大到能把陰影留在身後

我從前年開始寫感恩日記。每天晚上，我會寫三件當天帶給我美好回憶的人或事，讓自己體會被世界善待，記得回饋對我好的人；而那些對我不好的人，我不希望他們出現在我的日記和回憶中。

對於那些傷害過自己的人，放下並不意味著原諒，而是不再計較。山河遼闊，不要讓自己只活在怨恨裡。有時候寬容並不是寬容別人，而是寬容自己，因為內心的容量有限，不要被傷害和陰影占據，要用這些空間在內心呵護一朵花開。

我很喜歡曼德拉說過的一句話：「當我走出囚室，邁過通往自由的監獄大門時，我已經清楚，自己若不能把悲痛與怨恨留在身後，那麼我仍在獄中。」

如果歲月刻薄對我們來說是道人生必答題，那麼我希望我的能力、身體和內心能夠得到全方位的壯大。我不要沾染戾氣，我要繼續溫暖純良，永遠擁有一張歲月靜好的臉。

有多少女人還在膚淺地愛著自己？

01

某個週末，我和女伴逛街，看到一個精巧的流蘇背包，於是拿到鏡子前擺弄了一會兒，最後決定放棄購買。女伴勸我：「買吧，女人要學會愛自己。」

我心想，不買是因為不合適，而不是不愛自己。這個包包雖然好看，但實在太小，對於我這種「傘在人在」的防曬達人來說，連傘都裝不下的包包，屬於中看不中用。

現在的女人似乎都很累，要上得廳堂，還要下得廚房；要上班工作，還要下班帶孩子；要情場不輸人，還要職場不輸陣。同時，女人也很能花錢，一瓶純水占八、九成的化妝水就要花好幾百元，一罐限量版的香水要花好幾千元，一個好看的名牌包包要花好幾萬元。

花錢的確是討自己開心最直接、最有效的方式，可是花錢真的能證明我們在好好愛自己嗎？我身邊一個一九九〇年出生的女生，月收入不高，卻用著名牌的全能乳液和輕奢華的包包、飾品。她總說女人一定要趁年輕好好打扮。我就很納悶，一個收入不高、家境普通的女孩，砸在護膚、扮美上的配置會不會有些太高級了？

有一天，她生病了，我去她家送藥。進屋一看，我算是知道她為了買得起昂貴保養品和穿搭飾品而犧牲了什麼。

她每個月的房租非常便宜，住的房子老舊，光線昏暗，雜物遍地。她與另一個女孩同住一個房間，兩個人的作息時間不一致，導致她睡眠品質不好。房子裡不能做飯，於是她經常吃即食食品將就。她說，每個月快還信用卡的前幾天，她都需要東挪西湊，十分焦慮。

每個人都有自己的活法，換作是我，我會選擇買CP值更高的保養品和飾品，用節省下來的錢去租間環境更好的房子，或者單獨租住一間；購置豆漿機或電鍋，好好吃飯，好好休息，增強體質，不讓自己精神緊繃，以免經常生病。

很多女孩畢業以後或多或少都會過一段苦日子，拿著和付出不成正比的報酬，懷著與現實不相匹配的欲望，在經濟條件允許的範圍內，買點精緻好物犒賞一下辛苦的自己，撫慰一下失戀、失意的情緒，只要能掌握好合適的程度，這樣做並沒有什麼不好。

我讀過一些成功人士的採訪或傳記，他們在事業上取得成功後，會在物欲上做加法。剛開始會很滿足，但過一段時間後，他們意識到物質很難帶來自己想要的幸福感，於是許多人就會在物欲上做減法。我覺得，在事業上升期，那個在物欲上做加法的階段，可能是很多人必經的過程。可是花錢速度一旦大於賺錢速度，為了一時爽快，不惜拆東牆補西牆，為了臉蛋，犧牲健康，用信貸和信用卡預支精緻生活，總以「會花才會賺」來催眠自己，我對這種生活方式心存質疑。未富先奢、透支將來的日子是可以持續發展的嗎？你確定自己不會被水漲船高的消費欲挾持，去做身不由己的事嗎？

更可怕的是，有些人會被「買名牌、擲千金」的習慣所馴化，遭遇挫折，首先想到的不是去解決問題、自我剖析，而是用最簡單、最粗暴的方式討好自己。她們和男友吵架，不去分析深層原因，而是買個名牌包包就讓它過去；被主管訓斥了一頓，不去反省自己的過失，而是買瓶精華液讓自己忘掉一切。別人吃一塹，長一智，換來了成長，而她們跌一跤，買一物，卻錯失了自省。

我的一個同學，她讀大一時家人發生意外，責任方賠償了幾十萬元。從此以後，她三觀重塑，覺得務必把每天都當作生命的最後一天來過，千萬不能讓意外比明天捷足先登。在校期間，她出手闊綽，開瓶即食的燕窩、拎包即走的旅行、剛上市的新款產品，她眼睛都不眨一下就買了。

畢業後找工作期間，在我們都住蝸居省錢時，她一個人在市中心租下了公寓，辦了高級會所的健身卡，不疾不徐地投簡歷，找工作。

幾年後，我已經攢錢支付了一個小坪數房子的頭期款，而她基本上把那筆賠償金用完了。現在，她的收入已經難以維持以前的吃穿用度，她一邊唏噓，一邊後悔。

其實，愛自己和花錢之間是無法劃上等號的，甚至連約等於都談不上。我們不應為誇大的廣告、賣貨直播主的煽動性言語而支付過多的溢價。因為，商人的洗腦、情懷的綁架，都不能定義你愛自己的方式。

02

我很喜歡觀察身邊那些真正懂得疼愛自己的女性，她們身上都有一些共同點，比如更加獨立、自信，能照顧好自己，會自娛自樂，自我治癒能力強，不過分追求物質享受，精神世界豐盈。

我定向觀察過我的一位美女朋友，她幾乎很少說要愛自己之類的話，因為自我寵愛早已刻進她的基因裡。她的很多經驗我都偷學過來，確實受用。

1. 沖完廁所後，條件反射般地做幾個深蹲；睡覺前，把手機放在客廳，不打擾睡眠。

2. 工作忙得手腳並用、大腦飛速運轉時，眼睛微閉，稍作休息，或者用眼球按著筆劃順序寫「采」字。

3. 如果某天加班沒時間運動，就放棄乘坐電梯，改為爬樓梯；就算乘電梯，也不動聲色地夾緊臀部，美化臀部線條。

4. 買東西看重品質，衣物的親膚性、保養品的安全性，遠比品牌的知名度重要得多。

5. 她很愛購物，但買東西很少失手。她在上海學服裝設計時，老師讓她們去各大商場試穿，不准衝動買下，這種方式不僅可以了解自己的風格，揚長避短，還能避免「失心瘋」似地花錯錢。

我們在平時做好這些小事，為改善自己的健康、身材和心情做一份踏實、可靠的投資，才是愛自己。而那些平時不防曬，卻在專櫃前吵著要買奢華修護面霜的人；那些平時不運動，卻在購物時希望靠立體剪裁的昂貴衣服來遮肉顯瘦的人；那些三餐大吃大喝，卻以為從國外代購幾瓶爆款保健品就能化險為夷的人；那些平時行為看不出愛自己，只有在刷卡購物時才想起要愛自己的人……騙別人可以，但你真的能騙過自己嗎？

還有那些在愛情中缺乏獨立人格，整天鬱鬱寡歡，沒情趣、沒自我的女人，不管愛自己的門檻有多低，她們都進不來。

舒緩神經的方法不只是溫泉、按摩和ＳＰＡ，照著布克獎、諾貝爾文學獎的獲獎書單閱讀一番，效果也會很棒；緩解壓力的途徑不單是「剁手」血拼買包包，約上三、五好友到公園賞花、賞月，也能讓煩惱自動隱身。

提升技能、開源節流積攢下的安全感，規律、健康的生活習慣，穩定、樂觀的心態，都比單純花錢實在得多、有用得多。

在卓別林的〈當我開始愛自己〉裡，其中有一小節我特別喜歡：

當我開始真正愛自己，
我不再犧牲自己的自由時間，
不再去勾劃什麼宏偉的明天，
今天我只做有趣和快樂的事，
做自己熱愛、讓心歡喜的事，
用我的方式，以我的韻律。

在我眼中，最好的生活就是過去、未來兩不誤。對過去來講，現在是過去的未來，是心心念念的「總有一天」，現在窮酸、困苦，是我辜負了過去的努力和付出。而對未來而言，現在是未來的過去，是日思夜想的「如果當初」，現在揮霍無度，會透支未來的美好和希望。

愛自己永遠是現在進行式，正如卡繆所說：「對未來的真正慷慨，就是把一切都獻給現在。」

真正見過世面的女人，都是狠角色

01

下班後一群同事一起出去吃飯，等菜期間，我們聊起了請年休假去旅遊的女同事嵐。有人點開她的微信朋友圈，最近一組「九宮格」是她在國外海邊的旋轉、跳躍照；往前翻，是她在博物館和老胡同裡的漫步自拍照；再往前翻，是她週末去參加彩色鉛筆繪畫的成品展示照……

我們把嵐的朋友圈翻到底還意猶未盡，然後埋怨著「僅展示最近半年」的朋友圈功能。有同事感慨，嵐的氣質和風度，一看就是從小就見過世面的。然後，一句八卦改變了聊天走向：你們不知道吧，嵐的家境可好了，她爸是……

坦白說，每當聽到這種注重外在原因、忽略內在原因的論調時，我內心是很反感的。原因有二：一是避開嵐本身的能力和好學，只歸功於她父母的經濟和意識，讓她從小見多識廣；二是讓很多從小沒怎麼見過世面的女人妄自菲薄，彷彿一切都是父母的錯。

在我看來，父母只能給孩子提供一張見世面的入場券。但孩子被送進去之後，能達到見天地、見眾生、見自己這些境界的人真的很少。大多數人只能稀裡糊塗、浮光掠影地看個表面上的熱鬧。

見世面和真正見過世面完全是兩碼事。

02

既是作家又是企業家的傑出女性梁鳳儀，在我眼裡是位真正見過世面的狠角色。從小就見過商海沉浮，在寫出膾炙人口的小說後，她卻謙虛地說：自己「在文學上不一定具備很高的修為」。

長大後，在同學聚會上，她聽人抱怨說傭人不好找，於是創辦了首家菲傭介紹所，為香港家庭引進菲律賓女傭。

離婚後，她依然非常欣賞前夫何文匯的才學。她的小說被改編成電視劇，有很多主題曲都是由她的前夫來作的詞。

她曾寫道：「記得八歲那年正值家道中落，母親即使每餐都吃殘羹剩飯，也要讓丈夫和女兒走在人前衣履鮮明、風采依舊。父親更懇切地向他任職銀行的總裁提出，寧願放棄每年的加薪，但求銀行的總裁能以世伯身分多帶女兒參加社交場合的聚會，『以增見聞、以廣世面、以習禮儀、以練應對』。加上父母不斷鼓勵我在求學時期參加演講、辯論比賽，告訴我要贏的不是獎牌，而是經驗。一個人能說話有信心、有分寸、有內涵、有思想，就會勝券在握，就能無往不利。」

她的父母給了她見世面的機會，但懂不懂禮儀、會不會應對、有沒有見地，只與她自身的努力有關。

梁鳳儀把見聞和體驗寫進了小說裡，把經驗和智慧用到了企業經營上，把豁達和謙虛嵌進了性格裡。

在我看來，見世面是父母領進門，真正的修行則是靠個人：把見過的世面變成見識，體現在學識、思想和修養裡，才是真正的有眼界。

03

有一次，我採訪創業者張萌。言談之中，她很感激從小她的媽媽就帶她見世面。

小時候，她的媽媽帶她去吃西餐、日餐或泰餐，邊吃邊教她用餐禮儀，從飲食文化延伸到地域文化，讓她從小就認識到外面世界的精采。現在，她已經去過四十多個國家，這些見識已經融進了她的氣質裡。

在她小時候，她的媽媽去學習英文時也帶著她，周圍都是大人，見她覺得沒趣，她的媽媽為了結合她的興趣，就租了旁邊的教室，請老師教她繪畫。長大後，張萌創辦了「立德領導力」和「下班加油站」等教育品牌。

張萌小時候迷戀電視上的鋼琴表演，她的媽媽就陪她學彈鋼琴。每次練琴前，母女二人都要穿戴漂亮，她的媽媽報幕「下面有請張萌小朋友為我們演奏」，然後她提著裙角，左右鞠躬，坐下演奏，這讓她長大後能夠從容地享受舞台。

雖然我明白她長大後的成績和小時候的經歷之間存在著聯繫，但我始終覺得，很多世面你需要自己去努力才能見得到。

而那些真正見過世面的人，對自己「下狠手」的程度令人咋舌。就拿張萌來說，她大學時獲得APEC（亞太經濟合作組織）「未來之聲」全國英文演講比賽的冠軍，並隨時任領導人參加APEC高峰會，這段經歷也成為她後來創業的起點。

她英文好，離不開「一千天小樹林」的積累。讀大一時，她英文名列「後茅」，為了學好英文，她逼自己三年搞定「一萬小時定律」。她每天早上五點起床，去小樹林朗讀英文，北京的冬天寒冷刺骨，她硬是風雨無阻地堅持了一千天。

就算家境尚可，但父母的能力也未必能讓她跟著國家領導人一起出訪，讓她連續三年登上紐約時代廣場大螢幕，讓她當上奧運火炬手和傑出女性代表，讓她多次參加APEC高峰會和博鰲論壇，讓她受到希拉蕊和卡麥隆等名人的接見……

張萌的父母讓她從小見了些世面，長大後她親手接過接力棒，努力提升自己。她的成長，最終還是靠她自己的努力爭取得來的。

04

如果小時候父母沒帶你見世面，長大後，你有的是機會自己去見世面。

曾聽過互聯網公司營銷顧問冷夏的演講，她講道：工作以後，基本上把週末和假期都投注到見世面上了，比如：參加世界零食工作坊，分別測評出好吃、好看、CP值高的零食；參加發呆大賽，在兩個小時內不能說話，不能做其他事，不能玩手機，只能發呆；拍奇葩影片，其中有個主題是做自己葬禮的主持人，認真地回顧過去；到處旅行，有一次在美國，她看到程式設計師們扮成《星際大戰》中的角色……

儘管她說她是在玩，但我覺得她這是在見世面。我們要多走走、多看看，多結識朋友，多參加活動，這樣獲得的思維、知識，能更好地改善我們的工作和生活。

如果你因為小時候沒怎麼見過世面而流淚，你很可能還會錯過長大後見世面的機會。一個人見世面的最佳時機是小時候，其次是當下。

05

在見世面這件事上，富人有富人的便利，窮人亦有窮人的方法。

我認識一個海外歸國女孩，她爸媽退休後辛苦打工，供她在國外留學。可這個女孩回國後看不起自己的父母，嫌他們不會說外語；她找不到工作，只會與人比較和享受生活；她的自信超過能力，情緒大於本事。

有的人就算去外面的世界走上一圈，見的也是假世面，因為他們缺乏把見過的世面轉變成見識和修為的能力。畢竟決定眼界寬度的，不僅是存款的額度，還在於領悟和思考的能力。

我的另一位舍友，在上大學之前，她都沒離開過自己的老家——一個地方級別行政區，生活費主要靠打工和獎學金，但她熱中讀書，善於觀察，勤學好問。

我見過她抱著商務禮儀的書邊看邊練，見過她看完美劇後在部落格上分析細節，見過她去博物館找講解員答疑解惑。大學畢業時，她拿到了全額獎學金，去歐洲讀研究所了。

有的人就算原生家庭條件不太好，也會透過好奇心和進取心與世界建立緊密的連結。

雖然父母的眼界和家庭的經濟狀況都是影響因素，但自身才是決定性因素。在我看來，有見識的女人的思維方式是最大的亮點，同一件事，她們會透過橫向對比和縱向對比來透過現象看本質；同一個觀點，她們會從正方、反方和中立方三個不同的角度來思考。

願妳讀萬卷書，行萬里路，修煉成一個真正見過世面的女人：眼裡有光，說話帶著嚮往，好奇心不滅，熱情不滅，身上閃耀著剝離了優越感的落落大方；見怪不怪，處變不驚，見微知著，見賢思齊，不囿於瑣碎，不困於庸常，在未來某一天，能驚豔眾人和時光。

第二章 ✧ 真正精緻的生活，從來都不貴

成年人的世界，除了變胖和變老，沒有「容易」二字。聯軸轉了五個工作日後，週末是我們的小型避難所。

學會從生活的情趣中得到滋養

01

爸媽從老家過來跟我小住期間，某個週末，我帶爸媽去公婆家玩。公婆所住的社區物業管理恰好在舉辦手工活動，我、我媽和婆婆三人報名參加了。

第一個活動是染布料。我挑了塊白手帕，我媽挑了條白圍巾，婆婆挑了件白T恤。我們三個人圍坐在桌旁，興致勃勃地商量著配色和造型。

我用橡皮筋在白手帕上紮了四個角，然後憑著想像力在布上塗抹染料；我媽和婆婆也想出各種招數落實著腦海中的色彩搭配。

第二個活動是畫臉譜。我們每個人挑了一個，打開顏料盒，用畫筆在純白的臉譜上描摹上色。我挑了一個《三國演義》裡「姜維」的臉譜，看上去挺簡單的，但做起來一點也不簡單，邊緣處經常因手抖而畫過界，眼睛更是畫得一團糟。

做手工帶來的新鮮感和幸福感讓我們眼裡閃爍著小火苗。自己做的手工雖不是很精美別致，但親自付出過心力和創意，這些小玩意就被賦予了別樣的意義，留住了一小段美好時光。

婆婆買的股票跌了不少，我媽過幾天要去體檢，所以她們心中都有些忐忑不安。我那時正在準備工作上的考試，做題目做到想吐。但我們在做手工時，把糟心事放到一邊，眼裡、心裡聚焦於一塗一抹、一筆一畫。

三毛曾說：「一向喜歡做手工，慢慢細細地做，總給人一份歲月悠長、漫無止境的安全和穩定。」

每個人的生活裡，都有各自的一地雞毛。週末穿插一些富有情趣和情調的事情，可以讓一週的疲憊快速消解。若不從生活的情趣中得到滋養，我們如何與世界自信地對抗？

02

有好幾個女性讀者向我傾訴失戀的煩惱，我列舉一個朋友的應對方案，希望能給失戀的朋友一些參考。

我這位朋友幾個月前剛結束一段感情，我勸了她好久，她都沒有走出來，可見所中「情花毒」之深。

後來，她買了台鋼琴，說是從小就想學，以前家裡經濟條件不允許，工作後忙著升職、加薪、談戀愛，一直沒時間，所以，失戀後就當作給自己找樂子。

她一週去上一到兩節成人鋼琴課，然後回家練習。學了一段時間後，她給我看她彈琴的影片。我看著影片裡那個優雅、自信的她，覺得她中的「情花毒」解得差不多了。

有一天我去她家玩，她教我看琴譜、練指法，還找了幾首簡單的曲子讓我練習。後來，我大概知道為什麼練琴能讓她走出失戀狀態了。

她在彈琴之前，脊背挺直，手指就位，腳踩踏板，眼看琴譜，全身心都被調動起來了，根本沒精力瞎想、走神。她如果彈錯一處就會自我反省，彈得順暢就會有成就感，沉醉在越來越連貫的音樂中，覺得時間過得飛快。

她告訴我，剛分手時，上班有事可做還好，下班回到家獨自一人，就會回想起曾經一幕幕甜蜜的情景，回憶起分手時的一句句說辭，心如死灰，胡思亂想，淚流不止，經常失眠。

學習彈鋼琴後，她的生活有了高品質的充實感，下班或週末她就去上課，沒事就練琴或聽鋼琴曲，一來可以轉移失戀帶來的負面情緒，二來可以藉著音樂讓心情變得愉悅。

「女人要愛自己」，對於這句大而空的話，我的朋友是這樣落實的：找到一個興趣愛好或一種生活情趣，把原本用來瞎想的時間投入其中，讓自己遠離煩擾，變得心平氣和。

03

當我把生活過得很糟時，最有效的扭轉方法就是抽空看《浮生六記》。

沈復的妻子芸娘在人生順境時，認為一蟲一草都是樂趣無窮的探險，一花一木都值得被悉心對待，一塊石頭也是一番美好景致。

在人生逆境時，家中清貧困頓，她從無怨言，反而拔釵沽酒，回應沈復的奇思妙想。菜花黃時，她擔爐燙酒，柴火煎茶，黃昏煮粥。

在對女性並不友好的年代，把生活過出情趣與情調的芸娘，被林語堂稱讚為「中國歷史上一個最可愛的女人」，被魯迅誇為「中國第一美人」。

很多人在生活不順或身體不好時，就會從生活情趣中尋找滋養和力量，與逆境對抗，與病魔對抗，與周而復始的無聊對抗。

宋美齡曾患過乳腺癌，卻活了一〇六歲。我看過一篇文章，說她的長壽歸功於良好的生活習慣和廣泛的愛好、情趣。她業餘時最喜歡、最下工夫的是國畫。「在美國療養期間，她空閒時就畫畫、寫毛筆字。研習繪畫必須精神集中、雜念盡除、心平氣和、神意安穩、意力並施、感情抒發，使全身血氣通暢，體內各部分機能都得到調整。」

總說生活沒勁的人，其實自己最沒勁；總說日子無聊的人，其實自己最無聊。想要突破這種沒勁又無聊的生活，就請試著去過有情趣的生活吧。正如村上春樹所說：「一個敷衍了事、平淡無趣的態度，怎麼能期待擁有一個趣意盎然的生活呢？」比起金錢和時間，積極的生活態度和實實在在的行動更關鍵。

成年人的自我重啟方式

01

一天，我和兩個好友下班後聚會。席間，「九五後」小女人聊起了「如何過週末」。她在高新園區上班，每天工作到很晚，回家洗漱後躺在床上會補償性熬夜，上淘寶、八卦、玩遊戲，拖到深夜十二點後才睡。週末她則會高密度補眠，睡到中午一、兩點才醒，早餐自動省略，打開手機叫完外賣，繼續躺在床上滑手機影片，外賣送餐上門，她才起床吃飯。吃完飯後，她就窩在沙發上看綜藝節目。如果下午有約會，她就打扮一番後出去吃燒烤、喝酒；如果沒約會，她就繼續穿得像個火雲邪神一樣宅在家。

聽她說完，我和另一個好友面面相覷。我們一致覺得，只有「九五後」才敢這麼做，我們「八〇後」膽敢這樣過週末，下週一肯定皮膚水腫、精力欠佳。

微博曾經有個熱搜叫「成年人的自我重啟方式」。成年人的世界，除了變胖和變老，沒有「容易」二字。聯軸轉了五個工作日後，週末是我們的小型避難所。

如果過了一個放縱而不放鬆的週末，晚上熬夜，早上賴床，久坐不動，省略早餐，暴飲暴食，節奏突變，聚會無度，飲酒過量，我可能就徹底「當機」了。

我覺得，好好過週末，就是我的自我重啟方式。

02

「九五後」小女人問我們平時怎麼度過週末時光。

我說，我週六早起寫作，在老公起床後也不安排待辦事項，我們怎麼放鬆怎麼來，可能去公婆家住一天。如果我們不去公婆家，就出門爬山，看場電影，好好做幾個菜，或者煲一鍋好湯。週日，我就使用待辦清單了，要寫文章，要看書，要做讀書筆記，要去上課。

我把雙休過成了單休，週六以休閒娛樂為主，週日以務實提升為主。

另一個好朋友的週末過得比我更加豐富多彩，城市裡的藝文活動她比誰都熟悉。最近她在一家畫廊辦了卡，週末在畫廊看新銳畫展，然後由老師帶著學習畫畫。她還把頭像換成了自己畫得最滿意的火烈鳥油畫。

「九五後」小女生聽完後決定改變自己，開始過早起運動、讀書的週末，雖然會有短暫的掙扎，但在週末結束時會感到內心充實，獲益匪淺；而躺屍、煲劇、玩手機的週末，雖然一時感覺輕鬆，但過後沒有深刻記憶，只有愧疚感。她說，尤其是每週一，備感煎熬，情緒低落，身體不適，工作效率低下。

不會過週末的人，明明剛休息過，卻比誰都更需要休息。

03

下面是我好好過週末的生活提案：

1. 有趣的活動

「知乎」網站上有個提問：「一個人在週末可以做哪些事」，最多讚的回答來自「大貓布丁」介紹的有趣活動。

專業小眾的活動，比如格鬥、攀岩、徒步。「越專業、越小眾的運動裡，狂熱分子出現的機率越高，越容易學得專業，而且同伴水準高，玩得也更開心。」

加入收費俱樂部。週末帶你去戶外遊，比如攝影遊、休閒遊等。有嚮導，有保險，有車接送，事先標註路線難度，車費、門票費用ＡＡ制。

主題式的講解分享活動。有些技術分享活動，會請到行業第一線工程師來講解，也會有愛好分享會，請一些業餘愛好做得精通的人來分享經驗或解惑。

無論是在網路上，還是在現實生活中，我看見很多有意思的人都會在週末做一些有意思的活動。

我的一個寧波的朋友，喜歡利用週末的時間去看橋、拍橋。我很喜歡看他在朋友圈裡發的各種斜拉橋。

傳記作家范海濤在書裡寫過，根據一本當地的美食書，她和先生週末去吃，並找大廚在書裡相對應的頁碼上簽名。

前面提到過從事互聯網職業的冷夏，週末會去走訪零食工作坊，參加發呆大賽，拍創意影片。

我剛來到大連這座廣場之都時，每週都會打卡一個廣場，去星海廣場看噴泉，去人民廣場看騎警，去中山廣場看建築。

有一次，我帶爸媽去北京。我們週五晚上坐火車睡了一夜，週六早上到北京。我帶他們遊覽故宮和頤和園，還去水立方看了游泳比賽。如果沒帶著我爸媽，我更喜歡去轉轉北京那些優質資源成堆的美術館和博物館。

我和老公週末常去公婆家，他們所在的社區物業管理很用心，基本上每週都有活動。我特別喜歡參加手工活動，比如給臉譜上色，給手帕染色，烤餅乾，縫香囊，做水果插花……

2. 自我提升的行動

大田正文寫的《休活》一書對我影響深遠，「休活」就是休息日的活法。這位企業職員原先沒有任何朋友，過著公司、家庭兩點一線的生活，他對未來隱約感到不安。後來，他利用週末和節、假日培養興趣愛好，拓展人脈關係，讓生活變得繽紛多彩。

他在三年內主持過五個學習交流會，舉辦或參加過各類學習活動三〇二次，每年與一千多人溝通、交流。

二〇一九年有一三三天的非工作日，週末占了絕大部分，以前我寫過「度過週末的方式，決定了人與人的落差」。我曾做過粗略統計，在工作日，除了早起時段用於看書、寫作，上班時間忙工作，下班後做飯、吃飯、洗碗，出門快走，早早睡覺，能留給自我提升的時間已經不多了。

而週末我有大把的時間用來看書、做筆記、看電影、寫作，這對我的輸入和輸出都算得上難能可貴。儘管我在工作日很注重時間管理，但全部的閱讀量和寫作量基本上和週末持平。

3. 互補的休息

很多人對週末休息的理解就是睡覺，或者就是為上週的不良睡眠還債。研究發現，週末補眠很難彌補平時熬夜帶來的健康問題，甚至比持續睡眠不足危害更大，還會讓你在週一的早晨更容易犯睏。其實還是每天都有規律的睡眠最好。

當感到疲勞時，我們就會想要休息，疲勞本質上是反覆使用肌肉或者大腦的同一部位而產生的累覺。

在《最強腦科學時間術》一書裡，作者樺澤紫苑建議大家採用「互補休息法」。如果在週末還重複平日所做的事情，只會帶來更多的疲勞，所以週末應該做平時不做的事情，藉此來休養身體、恢復大腦。腦力工作者週末最好透過運動來放鬆，體力勞動者週末最好透過看書來休息。

作者還建議，大腦的各項機能也應保持平衡，平時伏案工作的人「語言、理論腦」使用較多，週末可以去美術館欣賞畫作，或者去電影院看看電影，這樣有助於放鬆「語言、理論腦」，而啟動「感覺、藝術腦」。

從事技術或研究工作的人，平時較少與人接觸，週末可以和親朋好友多聊天交流；而平時與人打交道多的人，週末則可以盡量留出獨處時光。

我平時工作和寫作節奏較快，所以週末我盡量放慢節奏。我會給綠色植物澆水，靜靜地觀察社區裡的貓、狗，在陽台上無所事事地曬太陽、作白日夢。

4. 高品質的獨處

對於週末，家裡沒孩子的人滿懷期待，家裡有孩子的人卻叫苦不迭。但我發現，家有兩個孩子的F姐意外地出現在了對週末「滿懷期待」的陣營裡。

她說，雖然週末她會帶兩個孩子去動物園、才藝班，不是跑腿就是動腦，但她還是很期待週末，因為她和家人達成了協議，週末她會有半天的獨處時光。

孩子、長輩在家，她就去外面的咖啡店看書；孩子、長輩外出，她就在家裡做瑜伽、練字。我問她獨處時都會做些什麼，她說基本上不碰手機，只是一個人靜靜地坐著，讓大腦放空。她還推薦我做正念練習，去感受呼吸和吐納的過程，感受自己與周圍環境的關聯。

她說，獨處會讓頭腦變得清晰、平靜，那是一種訊息齋戒、社交斷捨離後的自我回歸。

對我來說，一個美好的週末，需要有趣的活動、自我提升的行動、互補的休息、高品質的獨處。擁有這樣一個配套的流程才算得上是一個好週末，因為它可以為我的情緒、體力和精力放電再充電，獲取又忙又美的續航力，支撐我度過高強度的下一週。

除了好看的外表，也追求有趣的靈魂

01

你會不會像我一樣，心中也有一個名單：如果我是男人，誰將會是我最想娶的女人？

幾年前，我在深圳認識了一個女孩，她就是我心中的最佳人選，因為她很有趣。我幾乎不曾聽到她埋怨工作、說別人的閒話，她每天都能從日常生活和工作中找到小新意。在我去她家作客時，她會做新學的拉花咖啡給我；去餐廳吃完飯後，她會在留言簿上畫有趣的漫畫；她常常會兩眼放光地給我推薦城市中有情調的小角落、別具匠心的小東西，以及她親測好玩的新奇體驗。

每次和她相處，哪怕我剛開始興致不高，也會漸漸被她快樂、熱情的狀態所感染。認識她之後我才發現，有趣是一種社交美德，更是一種人格魅力。

結合我的所見所聞，我覺得有趣的女人在性格、氣場及談吐上有以下共同點：

對生活熱愛且投入。她們經常神采奕奕，且極具生活情調。她們對未知充滿期待和好奇心，喜歡嘗試新鮮事物；積極樂觀，有頑童心態，有激情，易快樂，笑點低，很少發牢騷。

有豐富的閱歷經驗。她們讀過萬卷書，行過萬里路，有情懷，有歷練；自有一套穩固的認知體系，但也不排斥別人的觀點；不狹隘，不固執，沒有鄙視人的食物鏈。

她們表達清晰，真誠幽默，狀態輕鬆，反應迅速；發表自己的觀點時，尺度拿捏良好；和別人講話時，能把自己的注意力放在對方身上。

會對日常生活進行「微打破」。她們拒絕長久地陷在雞毛蒜皮的小事中，喜歡沉浸在自己的興趣愛好中；有想像力，創意十足，喜歡跨界，是自己精采生活的總策劃；有不同於職業身分的多張名片，不墨守成規，時常給周圍的人帶來驚喜。

02

由於寫作的關係，更多有趣的女人進入了我的視野。「九〇後」創意曬娃辣媽羅淺溪懷孕時，在保證安全的前提下，以自己的肚皮為畫布，用顏料把嬰兒的樣子勾勒在肚子上。她的一個懷孕八個月的朋友看後覺得十分有趣，也邀請羅淺溪在自己的肚皮上即興創作，畫了一幅寶貝雙手捧著臉蛋、笑著望向母親的畫。

幾年前我採訪作家滿碧喬，問她寫作時卡關了會怎麼辦。她的回答是，半天憋不出一個字時就不再硬寫，跟朋友們一起吃個飯，對他們講一下人物設定和故事構想，在朋友們七嘴八舌的啟發下就能把問題輕鬆解決。

如果你的身邊也有這樣有趣的人，吃個飯、聊個天就能讓你暫別現實，悄然主宰你所寫的小說中人物的命運，而不是讓你僅僅局限在自己的績效、獎金為什麼沒有同事高、昨天婆婆做飯放太多鹽這種煞風景的話題上，那你已經比許多人要幸福。

03

那麼，怎樣才能做一個有趣的女人呢？

1.多沉浸在有趣的人和事裡

工作之餘，我們要多給自己創造有趣的環境，看高品質的脫口秀節目，看網路上顯露機智的影片，生活中盡量接觸說話有趣、有料的人。

「有趣因子」是擇偶的重要指標，能嫁給基度的人，生活再灰暗都能發光、發亮。這位義大利電影《美麗人生》中的男主角，把納粹集中營的戕害改編成一個升級打怪贏裝備的遊戲，換來了兒子沒有心理陰影的童年。

自己在耳濡目染中過得舒坦、開心了，做著自己喜歡的事，才不會有犧牲感、心態失衡，才能把正能量延續下去，因為悅己永遠是悅人的前提。

2.升級知識、訊息儲備

讀書、看電影、看紀錄片、參觀展覽、旅行、學點冷知識、和不同背景的人交流等，都能拓展我們的知識面，增長見識。對於未知，我們別雙手交叉抱臂，做出一副抵禦、防備的姿態。

在便利的網路時代，尋找公開課程、論文、名人講座輕而易舉，我們要積極地參加一些高品質的主題活動，看完綜藝節目、爆笑橋段之後，也看看財經、文化類節目。

3.給經歷添加獨家配方

我看演講節目時，發現演講不只是單純的口才較量，更是娓娓道來背後那一串串鮮活的見聞和獨特的經歷。他們獲勝的籌碼往往是那些不走尋常路的人生軌跡和獨家感悟。如果你今天重複著昨天，過著比白開水還寡淡的日子，老了之後，想話一下當年都缺乏素材。

我大學臨近畢業時對外貿很感興趣，於是衝勁十足地去義烏跨專業實習。在找實習單位時，一家企業想把我外派到委內瑞拉，這件事成了我返校之後的談資。後來，我在一家專為羅馬尼亞提供外貿服務的公司實習，跟著客戶學習了一些羅馬尼亞語，這也成了我返校後的另一部分談資。

4. 少些八卦、苟且，多些詩和遠方

一旦你沉溺於無休止的家長裡短，熱中於螢幕裡的狗血劇情和公司裡的八卦緋聞，愛嚼舌根、喜歡抱怨、長吁短嘆、愛賣慘、擅長傳播小道消息，就很容易成為職場眼中釘、生活毒氣罐。整天八卦、苟且和經常讀書、旅行的女人，氣質上的差別還是很明顯的。

你可以報名學一門外語或一種樂器，去甜品店參加體驗課程，和戶外運動愛好者一起遠足，週末到博物館裡做講解義工，豐富詩和遠方的形式，把自己從瑣碎的生活中解脫出來，給業餘生活尋找一個有趣的重心。

5.培養高深的幽默感

喜劇行業資深從業者李新曾對幽默下過一個定義：「幽默就是從一個有趣的視角來講述痛苦和真相。」平時喜歡看脫口秀節目的我漸漸發現，很多厲害的脫口秀演員會把自己的弱點或糗事當成自己的喜劇素材。這讓我驚訝於他們即使面對生活的戲弄，也有如此樂觀的態度，敢於用自嘲的方式笑著說出自己曾經的難堪。

高深的幽默感包含著恰如其分的語氣和肢體語言，以及對一件事表象之下的深刻洞察，還能夠巧妙地揭示出其中的矛盾和衝突，用令人意想不到的敘述方式展現出來，讓人笑過之後還有思考。

6.用個性標籤提高辨識度

休閒自由人也好，優雅高冷風也罷，有著鮮明的個性和獨特的風格能讓你在人群中擁有很高的辨識度，而過分聽話順從、唯唯諾諾、逆來順受，則會讓自己變成像透明人。

你可以攝取一些小眾、精緻的精神食糧，以提高自己的辨識度。你要有自己的評判標準和主張傾向，在尊重他人的同時，也能闡述自己的觀點。在別人真誠地向你徵求意見時，你要避免頻繁使用「隨便」、「無所謂」、「都聽你的」等隱形人專用詞彙。

7. 有趣是多元的，但也有雷區

不要用力過猛，因為那樣會像刻意炫技、譁眾取寵，就算你說再多天花亂墜的段子，做出誇張的肢體語言，拿別人的傷疤找樂子，也很可能會成為別人眼中低級趣味的代名詞。

假如自身格局小、三觀消極，還整天覺得自己是厄運儲存器、資深倒楣蛋，必然無趣至極。人們總說「好看的外表千篇一律，有趣的靈魂萬裡挑一」，我不喜歡把好看的外表和有趣的靈魂互相對立。我覺得好看的外表和有趣的靈魂並不矛盾，也不衝突，它們雖不易獲得，但值得追求。

願我們的外表越來越好看，靈魂也越來越有趣。

眞正自律的人，更懂得如何休息

01

我經常收到諸如此類的讀者提問：妳晚上十一點睡覺，早上五點起床，堅持了十多年，白天上班，業餘寫作，出了兩本書，平時還做清單、寫筆記、讀書、運動，妳這麼自律，難道不會累嗎？緊接著，他們又說自己也很想自律，但堅持不了幾天就放棄了。

其實，我並沒有覺得自己有多麼自律，因為我的休息和玩樂安排並沒有告訴讀者。很多人說，自律的人，他們的人生會開掛。他們的人生會不會開掛我不確定，但我確定的是，沒有「休息商」的自律，沒等人生開掛可能人就掛了。

在我看來，「休息商」就是對待休息的態度，以及經過高效率的休息後，提高身、腦、心緒的活力和創造價值的能力。

很多人在乎智商和情商，但他們的「休息商」是重大致命傷。「休息商」低的人，明明什麼事都沒做，卻總覺得很累；身體容易疲勞，精神難以集中；工作時想著休息，休息時卻想著工作；把休息「窄化」為睡覺或玩樂；上班又累又煩，休個週末或小長假，還把自己休出假期綜合症。

「累點低」的人很難做到長時間的自律。你如果想持續性自律，就必須先學會休息。你正值青春，別讓自己滿臉倦容；你這麼年輕，別讓自己身心俱疲。

02

有段時間我準備出書，那時我工作正忙，回到家後身心疲憊，還要增加微信公眾號更新文章的頻率，配合新書宣傳。但是，一本新書出版的背後是整個出版團隊長時間付出的結果，所以就算再累我也要強撐。

於是，我減少休息時間，就算睏得睜不開眼，也要默唸羅曼．羅蘭的話來給自己打氣：「生活是一場艱苦的鬥爭，永遠不能休息一下，要不然，你一寸一尺苦苦掙來的，就可能在一剎那前功盡棄。」

我不敢全然放鬆地休息，偶爾忙裡偷閒也滿懷愧疚，因為它很快就會讓我自食惡果。好久沒「找麻煩」的偏頭痛又來找我了，許久沒「發作」的扁桃體也開始變得不安分，運動不做了，書也看不進去，整個人心浮氣躁，寫出來的文章也不滿意，然後又很急迫地想繼續寫。

有一天，我累到臨界點，索性把待辦事項全部取消，把手機設置成靜音，好好睡了一覺，醒來後看了部喜劇電影，然後出門爬山。山間清澈的空氣讓我神清氣爽，暢快的運動幫我卸下了多餘的壓力。下山時，我和好友講了一通電話，明顯感覺自己的狀態好了很多，靈感也自動湧現，我那些自律的項目也漸漸開始復甦。這讓我想起美學大師朱光潛說過的一句話：「越是聰明的人越懂得休息，休息不僅為工作蓄力，而且有時工作必須在休息中醞釀成熟。」

03

我發現精力充沛、效率高、「累點高」的人，「休息商」都很高。

1. 面對工作的累，你需要階段性小憩

以我對自己的觀察，一天之中，我的精力是隨時間遞減的，尤其是對於我這種晨

型人來說。

根據員工效率檢測公司 DeskTime（時間跟蹤記錄軟體）的研究，工作和休息時間的黃金分割比例是：工作五十二分鐘，休息十七分鐘。

工作四、五十分鐘後，我就走到窗前看看遠處，或打開窗戶呼吸外面的新鮮空氣，活動頸椎，扭轉肢體。在工作不是很忙時，我會拿著梳子到洗手間梳梳頭，待我歸來之時，會再次元氣滿滿。

這種階段性的小憩有效地改變了我精力衰減的走勢，它在精力的整體衰減過程中加入了很多新的小波峰。其中，午休在小波峰中最為出眾。村上春樹認為，午覺讓人能「把一天當成兩天，假如人世間沒了午覺這種東西，我的人生和作品說不定會顯得比現在暗淡」。

2. 面對大腦的累，你需要切換模式

現代人的大腦變成了多任務處理器，不是絞盡腦汁，就是胡思亂想，只占體重百分之二的大腦卻消耗著身體百分之二十的能量。

人在高度用腦時，大腦皮質會變得很亢奮。針對這種情況，我認為最有效的休息方式不是蒙頭大睡，而是改做其他事情，以切換大腦思考的模式，因為腦海裡思緒萬

千，會導致睡不著。

小時候爸媽常常勸我，妳學國文累了可以學數學，學數學累了就看看英文，學英文累了還可以練練字。小時候我不愛聽，長大後才發現，這種方法真的有效。寫作寫累了，我就練練瑜伽；電視看夠了，我就出門走走。

其實，寫作、練瑜伽、看電視或散步，任何一個狀態長久持續都會讓人覺得累，但動靜相宜，勞逸結合地穿插一番，就變成了休息。

我們做不同類型的事，用到的大腦區域不同，適時地切換活動內容，能使大腦的不同區域得到休息。

3. 面對心緒的累，你需要正念練習

《最高休息法》中說，DMN（預設模式網路）會在大腦未執行有意識的活動時自動進行基本操作，相當於大腦的「低速空轉」狀態，它的能量消耗占大腦整體能量消耗的百分之六十到八十。越有雜念、越想不開的人，越容易覺得身心疲憊。

很多人活成了「人不犯我，我不犯人；人若犯我，我就生氣」的狀態，不敢生明氣，只能生悶氣，情緒波動大，內心敏感，活得很彆扭。

在我試過的諸多方法中，正念練習最能緩解心緒上的疲憊。書上說，每天在同一

時間、同一地點，進行五到十分鐘的正念練習，就能有效緩解這種疲憊。

方法是，身體坐直，腹部放鬆，雙腿不交叉，手放在大腿上，你可以閉眼，也可以睜眼看著前方兩公尺左右的位置，感受與周圍環境的接觸，比如腳底和地板，臀部和椅子等。你要注意呼吸，如果出現雜念，就暗示自己重新把注意力放回到呼吸上。

雖然我做得有點偷工減料，每天只進行三、五分鐘的靜坐，但當我把「呼」放在「吸」的前面，把意念集中在肚臍下方，緩慢呼氣，控制氣息使之綿長，再自然而然地進行下一步的吸氣，我會感覺到身體在緩緩下沉，像在地上生根。這讓我更加專注當下，減少雜念，身心輕盈。

4. 面對生活的累，你需要優化習慣

標本兼治的抗疲勞方法，我覺得還是需要養成一種不易勞累的生活方式。

好好吃飯。英國有這樣一項研究，安排兩組實驗者吃奶昔，一組分兩次吃完，另一組分四次吃完，吃完一小時後測試他們的反應時間、邏輯分析能力和記憶力。結果，分四次吃完的那組實驗者，各方面表現更為優異。因為吃撐了也會讓人感覺累，所以我們不要一次吃太多食物。進食時間盡量分散，較少份量的食物能幫助人體控制血糖水平，對記憶、思考和情緒有積極的影響。

好好運動。歌曲〈光輝歲月〉是寫給南非前總統納爾遜・曼德拉的。曼德拉在自傳中說，身陷囹圄期間，每週一到週五，他會在牢房中跑步四十五分鐘，或者做其他運動。他還說：「只要自己的身體狀況良好，我就會工作得更出色，思路也更清晰，所以，鍛鍊成為我人生中一項不可動搖的紀律。」跑步讓人清空大腦，爬山讓人接觸自然，散步讓人迸發靈感，瑜伽讓人內心平靜。人運動過後，疲勞因子彷彿都被帶走了。

好好睡覺。很多人覺得自己活得太累，實際上他們可能只是睡得太晚。早睡可以代替很多藥物和療法，但幾乎沒有藥物和療法能代替早睡。其實你只要做到不把手機帶進臥室，就能大大提高早睡的機率。

我們不要只追求暫時的放鬆，而是要培養一系列良好的生活習慣，改變「累點低」，提高「休息商」。《狼圖騰》裡說，身體是生存的本錢，休息是狂奔的前奏。好好休息，為自己打造一副堅實的鎧甲，然後披甲上陣。

年輕人的矛盾，從人際關係變為「人機關係」

01

生活總會適時給人們一些提示。在某個時刻，我接到了讓我反思與手機關係的提示。

一是來自身體狀況。我配了沒多久的近視眼鏡，最近感覺又有點看不清了。按摩師按到頸椎時，提醒我低頭玩手機會給頸椎造成很大的壓力。看來經常玩手機的後果已經深深烙在我的視力和骨骼裡。

二是來自朋友提醒。在自律群組裡，一個女生說，她頭暈起來感覺天旋地轉，去醫院檢查，被告知得了耳石脫落症。原來她複習考試經常用耳機聽課，用耳過度了。她提醒群友，不要長時間用耳機聽課、聽音樂。

三是來自讀者的留言。從我的微博私信和微信公眾號後台留言的數據來看，以前很多讀者困擾於與家人、室友、男友的關係。而最近越來越多的讀者的困擾是睡前玩手機導致晚睡，複習時玩手機導致分心，上班時玩手機導致工作效率低下。

種種跡象表明，很多人的矛盾正在從人際關係變為「人機關係」——人與手機的關係。不用手機不切實際，用太頻繁又會打亂生活秩序。而「人機關係」和諧的人，使用手機通常有這樣一個原則：少而精。

02

之前我和某公司經理談完業務後閒聊，聊到小遊戲「跳一跳」的朋友圈排名。他說他和老婆不想洗碗時就打開「跳一跳」，一人跳一步，誰跳輸誰洗碗，另外一人則掃地。同時，他還分析了這款遊戲迅速走紅的原因和基礎。

五十多歲的他工作效率高，家庭和睦，喜歡探求流行事物的傳播邏輯。我好奇地問他平時是如何用手機的。

他提到了以下幾點：

上班時，他若有事就打電話聯絡，平常關掉流量，有需要時才打開，把各種手機應用程式傳送的消息提示設置為關閉狀態。

下班後，他和老婆一起吃飯、聊天、做家務，收拾完之後，留出一段時間各自玩手機，看到手機裡的趣聞會互相分享討論。

他每年會換一台功能升級的手機，許多功能設計裡都藏著用戶的痛點和時代發展的小趨勢，這對他作決策、分析問題有幫助。

壓力較大時，他也會玩手機遊戲，但最能緩解壓力的方式，是和老家的母親或在美國留學的兒子視訊聊天。

我覺得，他是手機的主人，而不是手機的奴隸。他既會利用手機進行高品質的充電、社交和娛樂，又不會濫用手機，降低工作效率，疏遠親朋好友。他少而精地使用手機，完美平衡了手機帶來的利與弊。

03

手機越來越像長在人們身體上的器官，多少人的生活已經被手機控制，甚至奴役了。

有一次，我在網上看到這樣一個影片：商場裡，一個女生一邊走路一邊玩手機，結果一頭栽進了水池裡。有的人總感覺自己的手機在震動，每隔幾分鐘就習慣性地要看一次手機，然後把提醒消息的提示逐一點開心裡才能感覺踏實。很多人都說手機不在身邊、電量不足、信號減弱等情況會使他們坐立不安、緊張焦慮。

而那些在自己專業領域內取得成績的人，是不會任由手機控制自己的生活的。他們會讓自己有充分的時間去精進業務，沉澱人生。

我看過日本建築大師安藤忠雄的隨筆。在這位曾任職過哈佛大學、耶魯大學、東京大學等名校的教授看來，建築就是設計人們對話的場所。

安藤只有需要打電話時才會拿出手機，他的名片上也只有電話號碼。當遇到在電話裡說不清的事，或有實物資料需要傳遞時，他會坐車親自送達。他覺得移動過程中的「閒暇時間」很重要，可以用來思考各種問題、欣賞路邊建築，能給人帶來靈感，而且面對面的交流機會也十分寶貴。

他看著同一個建築裡有人看手機，有人玩遊戲，雖然看上去他們都在和外界交流，但安藤覺得這種缺乏自我交流和相互交流的狀態很「危險」。

梁文道有篇文章叫〈關機的生活才是正常的生活〉。在沒有使用手機前，他每天花在打電話上的時間不超過二十分鐘，但如今已增加到四十分鐘了。他說，手機是一種最能剝奪自由的工具，卻總被宣傳成「讓你自由自在，隨時保持聯繫」的好東西。他曾引用李奧·巴伯塔的話說明時間寶貴的道理：「對多數人而言，扣除花在睡眠，準備餐點與進食、交通、工作，以及處理雜務上的時數，每天其實就那麼幾個小時的自由時間。請多加保護自己的時間，這是你最珍貴的資產，請務必以生命捍衛它。」

04

對我來說，手機裡有好看的文章、好玩的朋友、好聽的音樂、有用的資訊、有趣的娛樂項目、有料的課程，不用手機是因噎廢食。但我確實有點過度使用手機了，尤其在我利用業餘時間做了自媒體之後，我打著追熱點新聞的幌子，看了不少藝人八卦；打著及時了解反饋訊息的幌子，經常去看微博和微信公眾號後台訊息的數據。

在親手賦予手機很多把時間碎片化的機會後，我的注意力和專注度開始下降，浮躁心和焦慮感卻在上升。為了「少而精」地使用手機，我給自己制定了一個「二十一天養成少玩手機」的小目標，以此來提高自己做事的專注度。

下面跟大家分享一下我的心得和經驗：

1.使用手機時注意姿勢

我看手機時，會習慣性地低下頭，身體前傾。為了緩解頸椎痠痛、視力下降、聽力損傷，我聽從了專家的建議：看手機時把手抬高，讓螢幕中心與眼睛處在同一高度，避免頸椎過度長時間彎曲；不要長時間盯著螢幕看，不在黑暗中看手機，不在乘車或運動中看手機；看手機時常變換姿勢，平時多運動，如扭動肩膀、游泳等。

2.不把手機帶上床

很多人晚上睡不著都是帶手機上床惹的禍。他們本想睡前看手機放鬆一下，結果反而讓自己興奮得睡不著。

人在晚上意志力最薄弱，玩手機最容易「超額」。

我若不把手機帶進臥室，睡眠品質就會很好。有段時間，我睡前喜歡研究自媒體文章，最後看得我思緒活躍，難以入睡。

我如果睡前玩手機，層出不窮的新玩意會讓我更有精神；如果睡前看一下書，沒翻幾頁就有睏意了。

為了睡得好、皮膚好、髮量多，請把手機留在臥室外吧，床頭僅放鬧鐘和書籍。

3.盡量少接觸手機

為了減輕手機依賴症，湧現出很多對自己下狠手的網友，其中有不隨身攜帶行動電源的，知道手機電量有限，所以逼迫自己不把電量耗費在消遣、娛樂上，而把有限的電量留給打電話、查資料、談工作等正事上；解鎖手機密碼時故意輸錯幾次密碼，如果連續輸錯幾次密碼，手機鎖定的時間就會相應增加，手機鎖定後就只能接電話，打電話也只能打緊急電話；每月選擇只有一定流量的上網方案，在公司只進行基本且必要的操作，晚上回到家連上無線網路再看新聞、讀文章。

我沒那樣對自己下狠手，只是在工作、寫作、看書時盡量把手機放在自己看不見的地方。

4. 提高使用手機的效率

我下載了監測手機使用時間的手機應用軟體，記錄每天手機的使用時間和解鎖次數。我並不覺得一味地少碰手機就是好事，每天和爸媽視訊通話，和故鄉的好朋友聊天，聽優質的公開課程影片和音訊，在這些事情上多花點時間我也不心疼。我真正心疼的是那些低品質的玩手機時間，比如看各家媒體解讀藝人出軌的新聞，動不動就反轉的文章，或者為影響心情的評論暗自較勁，無聊地玩遊戲打發時間……

我要把這些低品質的使用手機時間充實到高品質的現實生活中去。總之，大家是時候好好想想自己與手機的關係了，千萬不要讓自己成為手機的奴隸。

生活的致命傷，是你從不把乾淨當回事

01

之前去日本旅行，第一天到達時，我發現日本空氣清新，地面乾淨，飄落的櫻花成了地上唯一的「異物」。路上行駛的車輛像剛從 4S 店開出來的一樣，沒有灰塵附著；正在新建或維修的房子外罩著一層布，防噪音也防灰塵；很多建築外牆是小格的瓷磚，但縫隙之間沒有藏污納垢。在餐館，看見客人走後，服務員把桌面清潔完畢，連椅子都不放過，一手噴清潔劑，一手用抹布用力擦椅子。

這次六天五夜之行，每住一夜我們就換一家飯店，每家都是床罩潔白，水槽清爽，乾淨到連我有潔癖的老公都挑不出毛病。我們乘坐的旅行大巴士，司機在階梯上鋪了一塊白毛巾，方便乘客上下車時清除鞋底的髒東西。我還仔細觀察了這位司機，他穿著正式，衣服熨燙平整，把駕駛座區域也打掃得一塵不染，物品擺放整潔有序。

回憶自己平時出門在外，就算飯店裝潢不錯，但衛生方面也常覺得「禁不住細看」。住宿的話，需要自己準備鋪在枕頭上的毛巾，以及消毒濕巾、馬桶坐墊紙等；吃飯的話，落座後需要用紙巾蘸熱水再擦一遍桌面，吃飯前要拿開水燙一下餐具。

而這次日本之行，我們入住的飯店空間雖然狹窄，但窗明几淨，鏡子發光，床上、地上完全沒有毛髮，很多我提前準備的物品都無須使用，在旅店休息變成了一件放鬆且享受的事情。

雖然在街上幾乎看不到清潔工和垃圾桶，但我感覺街上的每個人都是持證工作的「清潔工」。

02

這次旅行，讓我重新審視了「乾淨」的幾重好處：

1. 乾淨帶來好心情

電影《藥命效應》裡，剛開始時主角居住的公寓裡一片狼藉，水槽裡堆疊著用過的餐具，東西雜亂地擺放得到處都是，被褥似乎很久沒有清洗過。

主角的房間和他本身的精神狀態、生活狀態相吻合，一樣的灰暗、頹廢，沒有盼頭和希望。

後來他把房間收拾乾淨，把垃圾丟出門，把餐具全部洗淨。雖然他租來的房間條件有限，但經過打掃、清理，煥然一新，他整個人的狀態和心情也瞬間被點亮。

居住環境的乾淨程度和居住者心情的好壞成正比。以前在大學住宿時，隔壁寢室的室友就經常因為衛生問題而鬧彆扭，尤其在夏天。我猜大概是因為夏季炎熱，都容易心浮氣躁，回到寢室看到東西亂放，心裡就憋著一股無名火，沒有壓住就直接爆發了。

相比之下，我們寢室就好得多，那個來自台州的女孩總會把自己的床鋪疊好，書桌收拾得清爽、俐落。每次經過她的「領地」，我們都能聞到一股淡淡的香味，而且她每天都會掃地、拖地。

她的主動付出讓我這個室長汗顏，但我也不能輸，於是我把寢室裡的私人區域和公共區域也都打掃乾淨，其他室友也在耳濡目染下變得愛乾淨起來。

我每次走進寢室，如果正好碰到有室友在打掃，心裡就會感受到一種溫馨感和歸屬感。我們的寢室乾淨、整齊，個人物品擺放有序，既不畏校方突擊檢查，又讓人心情愉悅。

2. 乾淨帶來高顏値

我的一個女同事，她左耳附近的皮膚經常長痘痘，這讓她很苦惱，於是她請我幫她找原因。最後我發現，罪魁禍首是電話的聽筒，因為電話聽筒上面糊著一層黃白色的殘留物。那是她平時打電話時蹭上去的防曬霜和粉底液，被定期清理後，她的痘痘問題才停止。

我們只要把自己生活的環境，尤其是接觸皮膚的環境收拾乾淨，平時認真洗手，沒事別總摸臉，定期換洗床上用品，衣服也勤換勤洗，護膚效果不比各種大牌精華液差。

很多時候我們的皮膚發炎，環境中那些髒亂的因素可能就是潛在「兇手」。我以前提過身邊兩個皮膚最好的女生，一個是福建人，另一個是湖北人，兩人走的都是簡約護膚的路子。她們的家我都去過，雜物少，顯得空間大，地上、沙發上一塵不染。可見，乾淨的居家環境更能調理出乾淨的皮膚。

3. 乾淨帶來高效率

有個綜藝節目叫《女人有話說》，在某一期節目中，謝依霖和奚夢瑤到韓雪家作客，被韓雪乾淨的房間折服了。

韓雪的房間收拾得乾淨整潔，所有物品擺放得整整齊齊，就連冰箱裡的食物也都擁有各自的位置。韓雪說，即使工作到很晚，她也還是習慣把家裡收拾乾淨再休息，因為「凌亂的房間會影響自己的工作狀態」。

我深有同感。以前我能接受亂，但不能接受髒，所以經常用酒精擦桌面和其他物品，可我的書桌上和床頭櫃上會放著很多書和筆。

後來，我試著把書收到書架上，看的時候再拿出來，讓桌面盡量保持清爽。從此之後，我感覺自己的思路變得清晰了許多，也更能專注於手上正在做的事，分心的情況減少了很多，同時減少的，還有我的焦慮感和煩躁感。

日本作家高島美里曾說：「成功的人，會將自己的桌子、所有物、日程安排全部打理得井井有條。」

4.乾淨帶來幸福感

乾淨的環境真的能給人帶來幸福感，這是我嫁了一個愛乾淨的老公之後得到的人生感悟。他每天都會把自己拾掇乾淨，回到家先洗手、洗臉，然後換上乾淨的家居服；每天都會把家裡收拾得乾乾淨淨，進洗手間要換鞋；擦不同區域的桌子要用不同的抹布；拖地不能來回拖，而是要順著同一個方向；用玻璃刮水器清理鏡子和玻璃，不留下水漬；看見檯面上和地上有水漬就順手擦乾。

他每天都會擦桌面和拖地，每週會用吸塵器和除蟎儀打掃房間。即使是零碎的時間，他也會用來打掃衛生。我常常擔心他會累，想去幫忙。他可能一來擔心我寫作已經很累了，二來也擔心我達不到他的衛生標準，所以總是拒絕我。

我和顧家、愛乾淨的他一起生活，不僅提升了寫作效率，還提高了自己身體的免疫力和幸福感。

03

我常常會在書店看到「人生整理術」一類的書籍，翻看內容後才知道，其實主要講的是居家清潔、收納等。原先我還納悶，明明是整理房間，怎麼就整理人生了？

現在我大概明白了，那是明白自己想過什麼樣的生活。追問自己的需求，探索想要到達的目標，然後留下最需要的物品，日復一日地保持乾淨，這個過程對自己的整個人生大有裨益。

很多人覺得，生活中大剌剌、不修邊幅沒什麼不好，甚至還往爽朗、灑脫的方向靠，反而覺得愛乾淨是嬌氣、矯情，是沒事找事。但我認為，只要沒上升到強迫症，愛乾淨的確是個優點。

我很欣賞那些無論身處怎樣的環境中，都能自建一塊「乾淨自留地」的人。他們更加勤快，更加自律，也更加熱愛生活。海子說：「我把天空和大地打掃得乾乾淨淨，歸還給一個素不相識的人。」我覺得，我們應該盡量把自己身邊的一切都打掃得乾乾淨淨，歸還給那個熱愛生活的自己。

社交降級是最好的「斷捨離」

01

《曉說》中有一集，韓寒說自己很少參加社交活動。他說：「不是說因為我不能參加社交活動，或者是因為我處理不好社交這件事，我是純粹意義上的不喜歡社交活動。」

有網友說：「韓寒人在家中坐，錢從天上來，當然可以不用去參與社交。」我覺得網友倒置了因果。不是因為韓寒人在家中坐，錢從天上來，所以才不用去參與社交，而是因為他把參與社交的時間和精力都用在了自己該做的事情上，所以才會「人在家中坐，錢從天上來」。

我發現，每隔一段時間就有新作品問世的人，大多都在「社交降級」——能不參加的社交聚會，就盡量不參加。

每年年底，各種公司年會、同行酒會、私人聚會應接不暇，這時我們更該靜下心來，想想「社交降級」的意義。

02

主持人兼創業者馬東說，每年年底是各種「會」最多的時候。公司成立第一年，他頻繁參加這類活動，覺得很累。後來，他算了一筆時間成本帳：在北京，因為塞車，路上至少要花掉兩個小時，如果在外地，那就更麻煩了。

他說：「這些活動的本質是淺層社交場合，誰真的要聯繫誰、交流什麼業務，完全不用透過這種方式。」參加這些活動當然也會有收穫，但收穫不大，不值得花費這麼多時間，尤其是在自己工作很忙時，我們完全沒必要湊這種熱鬧。

面對活動邀請，你可以先根據自己的實際情況算一筆帳，「它對你的價值是什麼」、「你要付這些活動的時間和精力成本有多大」。

我覺得馬東算時間帳這點很明智，既然社交不可避免，那就要盡可能地做到精準社交。因為算清楚後你會更加明白，哪些活動應該全力以赴，哪些活動應該「斷捨離」。

03

馬伊琍說，自從當了媽媽後就不再參加應酬，回家後哄孩子睡覺，然後自己看看劇本，回覆工作訊息。她說：「要找我談工作就談工作，不要找我出來吃飯。如果要找個地方坐下來，邊喝酒、吃飯邊聊工作，對不起，我沒有空。要嘛直接聊工作，不要聊別的，如果有重要的飯局要參加，晚上八點半之前我必須回家。」

知所進退的人能分清事情的優先順序和生活的重心，分得清工作和社交，分得清哪些是重要的社交。就算參加重要的社交活動，他們也會定下回家的最晚時間點。

我是一個對社交有偏見的人，覺得社交普遍低效，甚至無效或負效。因為社交介於工作和友情之間，但兩頭都很難討好，黏黏糊糊，不乾脆，而且拖沓、低效。相較於工作，社交顯得迂迴；相較於友情，社交顯得功利。

04

一個尊重自己時刻表的人會發光到什麼地步？

演員韓雪給自己定了「每天學習三個小時」的任務。有一次錄完節目已到吃飯時間，何炅約韓雪去聚餐，韓雪拒絕道：「我不去了，我要回家寫作業。」因為韓雪覺得給自己設定的任務必須要完成。

台灣作家吳淡如曾給自己規定「每週三跑步」。有時朋友還會抱怨：「跑步哪有我們重要，妳真不夠意思。」

吳淡如認為，會這樣說的不是我真正的朋友，真正的朋友會尊重我的時間安排，了解我的原則。有時候被半強迫著參加某個活動，等到了現場才發現，自己只是一個不重要的陪客。

你想過為什麼地鐵站附近的房子比公車站附近的更貴嗎？大概是地鐵軌道相對固定，還不塞車，時刻表準確，而公車偶爾會遇到塞車，到站時間很難固定。

這跟人一樣，重目標、重計畫、重落實的人，會減少外界對自己的干擾，努力達成自己許下的承諾，這種人就像地鐵站附近的房子一般升值迅猛。

而別人一邀約你就去，擔心不去會破壞了別人的興致、錯過了重要的人脈，其實你錯失的可能是最重要的個人成長期和增值期。

05

你可能會說：韓寒是文化偶像，不愛社交就不社交；馬東是當紅老闆，覺得不划算就拒絕；馬伊琍是實力派演員，晚上八點半前回家也無可厚非；吳淡如是暢銷書作家，可以因跑步而拒絕朋友……

他們都有名氣、有底氣，當然可以社交降級。可我的經歷告訴我，把社交降級省下來的時間用來深耕業務或發展愛好，能讓普通的你我活得更有底氣。

我的第一份工作是在一家企業的海外部門。有一次一個內貿部門的同事和我聊天，她羨慕我們海外部門的職員外語好、業務精，在聊天軟體上跟客戶聊聊天就輕鬆成單了，不像他們內貿部門，開發客戶主要靠應酬和聯誼。

「客戶跟你吃飯喝酒時說得好好的，一旦有同行更具價格優勢或技術優勢，他們就會選別人。能在飯局和酒局上談成的業務，大多說明可替代性強，給誰都一樣，就看誰更能投其所好、伺候周到。」

我曾因為不喜歡社交擔心自己過於內向，怕這會成為我的職場弱點。當時她的那番話讓我相信，職場社交並沒有那麼重要，核心競爭力才是根本。

我的第二份工作，加班有聚餐，費用可報銷。聚餐時，要嘛聽公司「老油條」的職場經，要嘛聽同事的狗血八卦，我發現自己浪費的時間價值遠超過報銷額度。

不管別人怎麼看，我都找藉口不去了。我回家研究郵件和案例，很快就拿到了部門最高的獎金。

我的第三份工作，最多只接受中午的工作聚餐，我下班後不參加聚會和應酬，而是回家鍛鍊、看書、寫作、陪伴家人。慢慢地，我有了自己的微信公眾號和新書。

就連和好朋友見面的頻率也降低了，我們經常見面，說來說去也還是那些內容，不如等對方多積累一些成長和心得，再見面時才能碰撞出更多的火花。

有我想採訪的人，我就和對方約好時間，做好功課，打語音電話溝通，方便又效率高。

最好的「斷捨離」是「社交降級」，捨去那些無效社交，迎接嶄新的自己。

當今社會越來越講究專業，你的應酬和社交很難影響專業人士對你的判斷，他們通常連你精心準備的飯局都不想參加。

研究中國式社交應酬，真不如研究業務和愛好的投資回報率高。至於誰坐飯桌C位，敬酒酒杯誰高誰低，知道門道就行，不必沉迷此道。

社交降級不是社交絕緣，有趣、有用或重要的社交，算好時間成本，定好回家時間，與自身目標和計畫沒有衝突再去參加。

擁有時間的發言權，把更多的時間花在更值得的人和事上，終有一天，你會發現一個更好的自己。

每週讀兩本書的人生，開掛又開心

01

看了綜藝節目《你說的都對》的第一集，我最大的觀後感是，每週讀兩本書的人，活得就像開了掛。

一位嘉賓提到某位經濟學家的名字和論文時，主持人蔡康永給他按燈加分，並且另類地誇獎他：「你的閱讀範圍廣泛到無聊的地步。」

閱讀面和知識面有廣度、有深度的人，大多都思維靈活、談吐有料、自信發光。

其實對於讀書這件事，每年讀一百本書，相當於每週讀兩本，我們這些普通人，努力一番還是能做到的。

02

聯合國教科文組織的一項調查顯示，全世界每年閱讀書籍數量排名第一的是猶太人，平均每人每年讀書六十四本。而根據第十七次全國閱讀調查報告顯示，二〇一九年，我國成年公民人均紙本書、報刊和電子書閱讀量均有所下降，成年公民人均紙本圖書閱讀量為四．六五本，人均電子書閱讀量為二．八四本，遠低於歐美已開發國家。這組數據催促著有志青年們，「為國爭光」的時候到了。

近三年來，我過著每週讀兩本書的人生。這並不是學霸或精英的專利，像我們這種上班族，也能毫不費力地堅持每週讀兩本書。

不常看書的人乍一聽，覺得自己做不到，但逐步將其內化為習慣後你會受益匪淺。我推薦「每週讀兩本書」有兩個原因，一是讀書很重要，二是頻率完全適宜。

03

讀書是顏值加速器。

如果你覺得「腹有詩書氣自華」聽上去有點玄的話，微博上的「春燈公子」有更接地氣的解釋：「讀書讀得多就意味著出門少，不會被曬；讀書讀得多就意味著經常犯睏，睡眠好；讀書讀得多還意味著沒有機會談虐心的戀愛，不會因為心事太重而產生皺紋。」

讀書是解憂雜貨店。

記得有一次我和老公吵完架後，我進書房，他去臥室，分頭冷靜。正在氣頭上的我看到手邊有本敞開的書，順手拿起來就看入迷了。

過了半個小時，老公找我求和，看到正在看書的我早已忘掉剛才的不快，他覺得自己不僅沒看書，還白白多氣了半個小時。

讀書是自卑終結者。

我的一位國中同學，她爸賭錢輸了，她媽媽跟別人跑了。有一天，她爸醉倒在街邊，被發現時已經過世了。後來，她和爺爺奶奶一起生活。老師同學都擔心她會變得內向、自卑，但她的成績依然名列前茅，陽光開朗。

讀了很多人物傳記和經典名著的她，並沒有在原生家庭的陰影裡鑽牛角尖，而是轉頭扎進了精采紛呈的生活中。

讀書真的很重要，因為一本本書就像一節節脊椎，穩穩地支撐著讀書的人。

04

台灣文案天后李欣頻每天都要讀一本書。她說，閱讀是最大的資產，沒有人可以拿得走，你每天看一本書，一年就能與別人有三百六十五本書的差距。

她的身分隨著閱讀量的增加而增加，廣告人、作家、教師、演講者、主持人……讀書不僅讓她的事業像開了掛，還讓她活得更開心了。

她的家裡到處都是書，「浴缸邊的書，是我在泡澡時陪我說話的情人；床邊的書，是哄我入睡的心靈伴侶；電話邊的書，是讓我接到話多、無趣又無法打斷的電話時，可以暫時把我的耳朵、腦袋假釋出來的保釋官。」

我也曾試著學她一天看一本書，但如果書籍厚、內容深、時間緊的話，我就會因為做不到而備感壓力，而且對我來說，看得太快容易囫圇吞棗，過目即忘。

後來，我慢慢摸索出自己的讀書頻率與效果之間的關係。考慮到自己業餘時間才有空看書，看完還要梳理讀書筆記，經過探索與調整，我覺得每週讀兩本書最適合我。

我喜歡拿出早起的一、兩個小時或週末這種「成塊」的時間來進行閱讀，因為瑣碎的時間讓我感覺好像還沒深潛就得浮出，有點進入不了讀書的狀態。

通常情況下，我在工作日可以不疾不徐地翻完一本，週末抽出半天時間也能看完一本，時間充裕的話還可以多看一些。

05

做為一個每週讀兩本書的既得利益者，我來分享三點心得：

1. 每個月至少去一次圖書館

我頻繁地在微博上曬書，曾有讀者問我，買書是筆不小的開支吧？

首先，我覺得，一本書通常還沒一杯咖啡貴；其次，我讀的書，半數以上都是從圖書館借來的。我經常去的圖書館書籍更新較快，圖書證借書額度是十本，我每個月至少會去一次。

我平時發現想讀的書就會去圖書館的官方微信公眾號上「館藏查詢」裡找，如果圖書館裡有這本書，我就會把查詢頁面截圖保存下來。

每次去圖書館前，我心裡會有一個大概的借閱計畫，會先去找平時截圖保存的書，然後再去自己感興趣的分類書架上挑別的書。

我精選出十本書，自助辦理借書手續，然後放進圖書消毒機裡殺菌後再放進書包，帶回來慢慢看。每次可能有一、兩本沒看，其餘的看完、做完筆記後一起還掉，然後我再去圖書館借。

2. 力求讀一本書就有一本書的收穫

我讀一本書時，會想像和這本書產生一定的連接感，做讀書筆記就很有效。如果是買來的書，我會拿各色筆在書上寫批註、劃重點、記聯想；如果是借來的書，我會在草稿本上簡單記下內容提示和所在頁碼，方便讀完以後做讀書筆記。

除了做讀書筆記，我還「不擇手段」地創建連接感，比如遇到不同於作者的看法時，我的內心會開展一場辯論賽；看到好玩有洞見的地方，我會講給老公聽，並和他討論一番；看完整本書後會翻回目錄，盡量複述出書的主要內容和框架；看音樂家傳記時會放他的歌曲，看建築師傳記時會搜他設計的建築圖；有時還會把書裡介紹的方式或方法，有的放矢地應用到日常生活中。

讀書時和讀書後創建的連接感越多，讀書的收穫就越大。

3. 從每週讀一本書開始

我的一個女同事，以前很少看書，失戀後，常來找我聊天，想讓我開導開導她。

我借給她幾本情感類的書，一開始她不想看，後來無聊中翻著翻著就看進去了。從那以後，她再也沒讓我開導過她，我猜她在書裡找到了比我更懂感情問題的高手。

正如蔡康永所說：「去參加一個朋友的聚會，你能夠遇到一些厲害的人，但能夠遇到講話驚為天人的人的機率極低。可是，只要你打開一本書，就會立刻被他們嚇到。閱讀最大的樂趣就是你會讀到厲害的世界，裡頭還有許多厲害的骨肉豐滿的人。」

對於很少看書的人，不必一下子就要求自己每週看兩本。凡事講究循序漸進，你可以先從解決自己困境的書切入，根據工作性質和時間安排，從每週一本甚至每月一本開始，慢慢確立每週最佳的閱讀量。

不必鑽數字上的牛角尖，不必和其他人比較，任何進步對自己來說都意義重大。當讀書的感受從有用轉變為有趣後，你會發現，讀書能給人帶來內心的安寧、生活的激情和優質的獨處時間。

遠離浮躁，觀照內心，可以獲得一種更加高級的開心。每週讀兩本書不只會讓人生開掛，更會讓人活得開心。

第三章 ✧ 對自律上癮後，人生就像開了掛

當你遇到真正喜歡的、真正適合的、真正有價值的事情時，你的熱愛自然會體現在要用的時候。

你以爲自律很苦，別人卻樂在其中

01

我認為，讓我上癮的不是自律，而是自律帶給我的狀態。

某個週末，我在家看了一部早年的科幻片——《藥命效應》。電影開頭，主角艾迪是個失意作家，他拖稿成性，精神萎靡。日夜顛倒的作息讓他看上去十分憔悴，審稿編輯對他很失望。他租住的房間雜亂不堪，女朋友也要和他分手。後來，他吃了顆能提高智商、開發大腦潛力、讓人變聰明的益智藥丸，立馬斬斷拖延，變得專注、效率高，學習能力和做事效率也得到了極大提升。他的每個細胞似乎都散發著生機和光芒。他打掃房間，打字寫稿，外出跑步，衣著乾淨，鬥志昂揚，事業節節高升。從受盡白眼的失意者，變成人人刮目相看的開掛者。

看到這裡我很入戲，也很想要這種益智藥丸。但益智藥丸的藥效只能維持一天，艾迪對益智藥丸上了癮。吃了益智藥丸，他全天開掛；若不吃益智藥丸，除了生理不適，他又會變成那個渾渾噩噩的自己，關鍵是他再也接受不了這樣糟糕的自己了。

現實中沒有這麼神奇且高端的益智藥丸，但它有個低成本、更安全、常見、易得、無副作用的替代品，那就是自律。

自律的習慣就像現實版的益智藥丸，一能讓人頭腦清晰、精力旺盛、生活充實、事業有成；二能讓從中嘗到甜頭的人上癮，不自律了反而難受。就像電影裡的艾迪，不是對藥物本身上癮，而是對藥物產生的藥效上癮一樣。現實中，人們未必會對自律這一手段上癮，而更大的機率是對自律之後那種頭腦清晰、精力旺盛、生活充實、事業有成的狀態上癮。

02

自律的人更加追求對生活的長久享受，不自律的人只能享樂一時。

我經常寫自律題材的文章，總有不少讀者會在文章下給我留言。我發現，自律的人和不自律的人快樂的狀態、程度大不相同。

有個男生說他在遊戲中等級很高，但現實中考試頻頻不及格，全國大學英文四級考試都沒過，擔心畢業就失業，但他就是管不住自己；有個新手媽媽說，晚上孩子睡著後，她看手機影片會看到凌晨一、兩點，白天無精打采。她知道這樣不好，但就是管不住自己。

留言的字裡行間都是後悔和彆扭。他們一邊享受打遊戲、看影片帶來的快感，一邊卻討厭打遊戲、看影片後的空虛和自卑，「管不住自己」是他們最深層的無力感。

前年我出書時，發起過自律的打卡活動。一個上海的女大學生堅持晚上微博打卡，或做一份模擬試題並把錯題更正，或先看無字幕美劇再看文字講解，或讀了某本書後認真做筆記，或跑步時聞著跑道邊合歡樹的香氣……

我猜她做錯題時會沮喪，沒聽懂英文時會氣餒，摘錄筆記時會手痠，跑步時喉嚨會熱辣難受，但從她的打卡圖文中，我並沒有感受到焦慮或茫然，更沒察覺到一絲後悔或彆扭，我感受到的是：過程苦樂參半，事後餘味回甘，因為自律的習慣讓她獲得了穩固的自信和持久的歡喜。

蔡康永是這樣區分「享樂」和「享受」的：享樂和享受是不一樣的事情，很多人享受的東西並不是快樂。如果你只懂得享樂或只願意享樂，那你的人生會比較辛苦一點，因為人生並不全是快樂的。一個可以享受各種情緒的人，除了能夠享受「快樂」，他還可以享受「克服困難」，享受「失而復得」，他的人生會充滿各種可能。如果讓他放棄這種感覺，逼迫他只能享樂，那他一定會覺得這是一種巨大的損失。

由此看來，不自律者上癮的是即時快樂，屬於「享樂」陣營，而自律者上癮的是延遲滿足，屬於「享受」陣營。

我覺得，享受包含享樂，卻遠遠高於享樂。

03

你以為自律的人很苦，其實他們樂在其中。

很多人習慣拿自己的感受去衡量別人的感受。有人以為飲食清淡很苦，彷彿只有重口味才能喚醒味蕾。

我媽以前口味比較重，從前年開始，她清淡飲食，不碰辣椒、花椒，飲食以燉、煮、蒸為主，這給她的身體帶來了明顯的變化。

她以前經常扁桃腺發炎，常年扁桃腺肥大，最初她以為是做為教師每天大聲講話的職業病。但吃得清淡後，喉嚨發炎、頭疼腦熱的頻率銳減，而且她也越來越覺得食物本身的味道比調味料好吃很多。

有人認為跑步很苦，回到家只想躺著不想動。村上春樹從三十三歲到現在，每天跑十公里，多次參加馬拉松。他說：「說起堅持跑步，總有人向我表示欽佩，『你真是意志超人啊』。說老實話，我覺得跑步這東西和意志沒多大關聯。能堅持跑步，恐怕還是因為這項運動合乎我的要求，不需要同伴或對手，也不需要特別的器材和場所。人生本來如此，喜歡的事自然可以堅持，不喜歡的，怎麼也長久不了。」

很多人總覺得自律是苦澀的、反天性的，那是因為他們只看到了局部。

根據心理學家的研究，自律有三個階段：前期興奮、中期痛苦和後期享受。

就拿我「堅持了十四年的早上五點起床」來說，至今都有人問「要不要這麼拚，對自己太虐了」。我想說，自律是達到目標的手段，每個人都有自己各階段的自律行為。

我想在本職工作外分出一個寫作的自己，為想做的事早起兩個小時，有靈感時打字都能打出節奏感。我在早上看書，記得特別牢，不想看書就做瑜伽或打坐。我覺得早起很爽。

追溯大一時跟著寢室學霸嘗試早起，隨著能背誦的英文文章越來越多，我感到無比興奮。天氣入冬，天亮得晚，我覺得早起好痛苦，好想窩在被窩裡睡大覺，可看著學霸一日千里地進步著，我就想，為什麼別人行，我就不行，於是繼續咬牙堅持。後來，我漸漸體悟到村上春樹說的「跟意志力沒多大關聯」，一切都是順其自然的事。

你不會跟別人攀比，不再和自己較勁。現在，我一般早上五點左右就會自然醒，冬天或前一天比較累會醒得稍晚一些。

有段時間我身體有點虛，早上五點左右，老公察覺到我已睡醒後，握著我的手希望我多睡會兒，可我翻來覆去，胡思亂想，起床後頭昏腦脹，反而更不舒服。我意識到我對早起上癮了，別人以為我是自虐，其實我樂在其中。我對早起這件事若不是真心喜歡，不可能十年如一日地堅持到現在。

04

清代學者王國維提出讀書的三種境界，在我看來，自律也有三重境界。

第一重境界是為了達成目標，不得不適當地勉強自己。正如毛姆在《月亮與六便士》中所寫：「為了使靈魂寧靜，一個人每天要做兩件他不喜歡的事。」

第二重境界是在堅持中面對誘惑和惰性，用意志力去克服。正如史考特．派克在《心靈地圖》中說：「自律，就是一種自我完善的過程，其中必然經歷放棄的痛苦，其劇烈的程度，甚至如同面對死亡。但是如同死亡的本質一樣，舊的事物消失，新的事物才會誕生。」

第三重境界是在自律的過程中發現趣味性，在自律的結果中獲得成就感。你會深挖並放大趣味性和成就感，漸漸地對自律上癮到停不下來。

給自己一個對自律上癮的機會吧，自得其樂的同時，說不定還讓人生順便開了掛。

如何設計一款自律產品，讓它像遊戲般讓人上癮？

01

曾有個讀者給我留言：「要是學習能像遊戲一樣讓人上癮，那該多好。」這句話我一直銘記於心。

一個偶然的機會，我看到一本書，它的名字就叫《上癮》。《上癮》這本書給了我巨大的啟發，作者對很多讓我們上癮的遊戲、產品和服務做了大量調查研究後，總結出一個上癮型態，其中分為四個步驟：觸發、行動、投入和獎賞。這個型態能讓用戶在不知不覺中對產品欲罷不能，產生依賴，成為回頭客，逢人就推薦。

我很吃驚，產品經理們把用戶的心理情況和行為模式竟然摸得這麼透。回想起讀者的留言，我突發奇想，我們能不能做自己的產品經理，借鑑上癮型態，研發並製作出一款讓自己欲罷不能、產生依賴、受益匪淺的自律產品呢？

02

結合我自身的經歷和上癮型態，我對如何設計一款令自己上癮的自律產品有一些心得。

1. 觸發

結婚前，除了一日三餐，我很少吃零食；結婚後，老公常買各種零食。我三餐吃得飽，平時也不會餓，眼睛看不到，嘴巴也不會饞。但如果零食頻繁地出現在顯眼的地方，有時候我看到順手就會拿起來吃。邊吃邊看電視時，我連什麼時候吃完的都不知道。我怪老公買零食讓我看見就想吃，他反而怪我把他的零食都吃完了。

這讓我意識到，家裡隨處可見的零食就是一個觸發點，它成了我吃零食的信號和開關。後來，我在家裡設置了零食櫃，要老公把零食放在指定的零食櫃裡，要吃時才拿出來，吃完再放回去，這樣我吃零食的頻率就大大下降了。

想要自律的人，可以增加良性觸發因素，比如把健身小器材放在顯眼處，並且減少壞習慣的觸發因素，比如把電視遙控器放進抽屜裡。

商業上有些成功的廣告，如「送禮就送腦白金」、「百度一下，你就知道」會引發消費者的條件反射。所以，你可以試著為自己的自律產品設計一個口號，比如「自律讓我自由」、「與其焦慮，不如自律」，後者對我更管用。當內心出現焦灼、浮躁這類負面情緒時，就會讓我想到「與其焦慮，不如自律」，這樣我就能很快轉身去做些自律的小事。

偶爾自律不難，難的是持續自律，所以觸發也要具備接續性。你如果希望自己能夠持續自律的行為，就要設置接續觸發。就像我在疫情期間做飯，做完早餐，就把中午做菜要用到的肉拿出來解凍，這樣方便做午餐，且不會導致中午肚子餓了就直接打開手機點外賣。

希望自己適可而止的行為就要避免接續觸發。比如我喜歡看美劇，如果整季劇集更新完畢，在時間充足的前提下，我會一集接一集地看，看到停不下來。剪輯和編劇在每集結尾處會設置引人入勝的懸念，這個接續觸發會讓我自動點開下一集。所以，現在我會在一集的中間停下來，避免自己看完一集。

在孵化適合自己的好習慣階段，用視覺、聽覺、口號、情緒來觸發很關鍵。日本小說家中谷彰宏說：「人生跟手扶電梯一樣，僅僅只要踏出一步，就可以了。」我覺得，好的觸發就是邁向自律的第一步。

2. 行動

史丹佛大學的福格教授說：「行為是在觸發、動機和能力的共同作用下產生的。」觸發可能會引發行動。我的經驗是：從觸發到行動，越快越好。有人喜歡在行動之前大搞儀式感，我認為，就算需要儀式感，也應該盡量簡單直接，最好在幾分鐘內搞定，不要因為太關注儀式感而忘記了真正重要的事。

動機主要分三類：一是追求快樂，逃避痛苦；二是追求希望，逃避恐懼；三是追求認同，逃避排斥。為自己的行動尋找一個動機，並且強化這個動機對行動大有好處。

能力會降低行動的門檻，比如走在路上的我突然想騎共享單車，如果需要下載專門的應用程式，填寫繁瑣的個人訊息，共享單車可能就會失去我這個用戶；如果只需簡單掃條碼，一鍵註冊，我有很大機率會成為他們的用戶。面對一個可能的行動，要嘛提高自己的應對能力，要嘛降低行動的難度。

行動之後你會發現，各種阻礙自律的事物「撲面而來」，例如一開始用力過猛，對困難預估不足；給自己設置的硬指標，執行時遇到突發情況，都會為你敲響退堂鼓。我覺得，重要的是不要走「要嘛做十分，要嘛就不做」的極端，比起不做，只做兩、三分也是好的。

3. 投入

有人會為喜歡的遊戲買角色皮膚、買裝備，為遊戲投入的時間、精力和金錢，會讓人對遊戲更有關聯感。遊戲存儲了你的進步和成績，要想離開它，就會變得很困難。

這就是《上癮》一書中所說：「用戶會因為儲存價值而對產品產生更強的依賴性，從而進一步降低另覓新歡的可能性。」所以，我也會為我的自律產品適當地投入時間和金錢。

拿我做讀書筆記這件事來舉例，為了升級做讀書筆記的方法，我專門看了相關書籍，聽了付費課程，研究別人怎麼做紙本和電子的讀書筆記，對比自己原先的思路和做法，借鑑了許多好方法。

此外，我還買了各種精美的筆記本、手帳、筆等文具。如果有人不讓我做筆記，讓我花的精力和金錢都打了水漂，我肯定會很不樂意。

4. 獎賞

很多讓你上癮的遊戲，都會適時地給你心動的獎賞，所以設計自律產品的我們，也要學會給自律獎賞，不要讓自律淪為苦哈哈的鬼見愁。

我發現後置性的獎賞比前置性的獎賞更有效。我通常會在自律一段時間，取得或大或小的階段性成果後，對自己「論功行賞」。

定期在社交媒體上發自己正在讀的書單或運動打卡後，我會將網友的點讚看作對我的獎賞；上週運動做得好，我會約合得來的朋友去喜歡的餐廳吃一頓美餐；完成上本書的書稿時，我的獎賞是去泰國旅遊，而我老公也是我自律的共同受益人。

獎賞會放大自律過程中的美好體驗，也會讓我更加珍惜階段性自律給自己帶來的贈品，它會鼓勵我向更高的目標發起挑戰。

用「微自律」化解泛焦慮

01

結婚紀念日那天，我和老公靠在沙發上，把腳蹺在茶几上，聊起我們這些年一起走過的日子。

現在的他比我們剛在一起時瘦了十公斤，馬甲線若隱若現。八年前，他為了我單槍匹馬來到這個城市，忙著找工作，忙著適應新環境。一段時間後，他的不適應和焦慮感像地鼠一樣冒出來，他就職的公司論資歷排輩分，他所從事的行業開始走下坡路。那時，我剛開始自媒體寫作，每天投入大量的時間，稀釋了對他的關愛。尤其在他考慮跳槽的那段時間，有一次我夜裡醒來，看到他睜著眼睛看我睡覺，我才知道他夜裡聽著我的呼吸要很久才能入睡。

我心疼他處在「泛焦慮」的狀態下，雖然生活的各個方面都沒出問題，但他對每個方面都有不滿和焦躁。

他工作上迷茫過，感情上失落過，我和他朝夕相處，卻不知道他改變的具體關鍵，只是透過時間的長鏡頭，發現他變得越來越好。如果要歸因，我認為是他用「微自律」化解了「泛焦慮」。

我因寫了一些關於早起的文章後，漸漸被冠以「自律小天后」之名，而我確實也喜歡做計畫、寫日記、列清單、記筆記。不少習慣有幾年到十幾年的歷史，看上去我的確有副自律的樣子。

但我老公從來不早起，不去健身房，不像我一樣緊鑼密鼓地做計畫、複習。他吃零食、喝奶茶、玩遊戲、看美劇。相較而言，如果我算自律的話，他就只能算「微自律」。

02

1. 生活方面的「微自律」

我老公有潔癖，他每天回家後都要換家居服，花不少時間做日常清潔、維護。掃地機器人和拖把已經滿足不了他的需求，邊邊角角他都會用濕毛巾蹲在地上擦。結果他的潔癖把腰累成了腰椎間盤突出，於是他把強迫症改成微自律。

打掃衛生很累，所以盡量少打掃；秉持少買東西，保持清潔的原則；不累積家務，從不拖延，順手就做。

他把清潔工程分解成細水長流的模式，比如拿用過的紙巾吸點水順便擦拭茶几、路由器、投影機上的灰塵；洗完澡趁著洗手間裡的熱氣，用擦玻璃器清理鏡子。

很多物品或擺件也會占用一定的空間，而減少家裡不必要的東西，保持日常清潔就可以變得更加省時、省力。

2.健身方面的「微自律」

他小時候是個小胖子，我曾見過他高中時穿的褲子，寬大到我的兩條腿可以塞進一個褲腳裡。

我認識他時他已經變瘦了。這些年來，他把自己悄無聲息地隱藏在微自律的屏障裡，沒有宏大的誓言，沒有複雜的計畫，卻讓身材和體質變得越來越好。

他把運動和飲食習慣掰開了、揉碎了，再融入自己的生活中。我們一起看電視時，他拿出健腹輪，雙膝跪於墊子上，疊起雙腳，動作標準地做運動；或者拿出瑜伽墊，在上面做波比跳。

我們外出買菜或下樓拿快遞，他承包重物。我們之前住的地方有電梯，他就會在電梯裡把重物當作健身負重器材，一下一下地往上舉；現在住的地方沒有電梯，他也會邊爬樓梯邊舉重物，一舉兩得地鍛鍊上、下肢的肌肉。

每次低頭、彎腰擦完物品上的灰塵，他就會順便做幾組肩背的舒緩拉伸。

他對自己的飲食總有「歪理」。我說喝奶茶會增加糖分攝入，他說他每次點奶茶時都要求少糖、多冰，既解饞又相對健康。少糖是直接減少糖分攝入，多冰是冰融化後會稀釋糖分。我說吃油炸食品不健康，他說他每次適可而止，吃完後下一頓就減少熱量攝入。

在運動上，他擅長用零碎片時間見縫插針地多鍛鍊、多消耗熱量；在飲食上，他總能找到美味和健康、代價和補救的相對平衡點。

3. 提升方面的「微自律」

工作日，我們下班回家後會一起吃飯、聊天、看電視，然後接下來的一、兩個小時我會閱讀、寫作或鍛鍊，他會玩遊戲或提升專業技能。

我不反對他玩遊戲，甚至還會送他喜歡的遊戲幫他減壓。他彷彿自帶防沉迷系統，很少玩連線遊戲。他常跟我講，好遊戲堪比好電影，故事設定有新意，製作水準很高，還能練習英文聽力。

他很少報名付費課程，因為他所在的外企培訓不少。如果在工作中發現短處，他就會翻出培訓講義和錄音一遍遍地複習。他偶爾會看抖音之類的影片，看電腦快捷鍵的操作方法、學習辨公軟體的隱藏功能、英文學習的影片，重複觀看有用的內容。

累了一天後，回到家還要「苦大仇深」地學習提升，難免有點不近人情。而在玩樂中獲取知識，在消遣中提升業務能力，才是更友好的進階方式。

4. 感情方面的「微自律」

有時我會故意說他婚前婚後兩副面孔，婚前會送我禮物，記得特殊日子，會說浪漫的情話，遠距離戀愛期間每週都會給我寫郵件；婚後，情人節能送我西蘭花就不錯了，甜言蜜語和情感儀式已降至最低點。

其實我也只是在嘴上說說，內心並沒有真的給他打負評，因為我覺得感情裡做到微自律就夠了。

我上班出門早，除非他累到沒醒，不然他會頂著雞窩頭，努力撐開眼睛送我出門，囑咐我路上注意安全。我下班回家早，他幾乎每天回家時都掛著笑臉跟我打招呼，工作中誰都有壓力和不順，在回家前調整好情緒，是成家後的自律。我懷孕期間，他經常在我睡前對著我的肚子讀一段兒童小故事。

雖然他的儀式感和漂亮話少了，但都轉化成了實實在在的貼心行動。

03

他以自己的方式和節奏過上了一種「微自律」的生活。他的微自律不是壓抑欲望，而是平衡欲望；不是讓自己每一分鐘都保持自律，而是用好自律的每一分鐘；不是死守自律條條框框的教條主義，而是把自律行為融入了生活。他把微自律堅持了下來，將生活、健身、能力提升和感情都打理得很不錯。

在他身上，我看到了微自律那種少即是多、不疾不徐、聚沙成塔的效應。在微自律和戒焦慮之間，我發現了一種簡單而令人鼓舞的關聯。

現代社會，泛焦慮普遍存在，很多人都聽過不少專家的課程，學過很多理論知識，讀過許多勵志故事，然而還是處於泛焦慮的狀態中，擔心時代淘汰自己時連招呼都不打一聲。

微自律有它的易行性，是自律的降級版本，不難、不苦、不虛，花很少的時間和精力，就能讓自己日益精進，一點一點地把自己從泛焦慮中解脫出來。

爲什麼道理都懂，做事卻總是三分鐘熱度？

01

有一次到一位女同事家玩，看到茶几旁堆著她為了養狗而提前購置的狗繩和狗糧。我看著她房間裡落滿灰塵的盆栽、閒置的畫板，忍不住提醒她「養狗可不能三分鐘熱度」。

我說的「三分鐘熱度」好像扎了她的心，她調侃自己是「做事三分鐘熱度」的代言人。

她買了幾盆盆栽，真心誠意地覺得綠色植物能改變心情，結果因為懶得澆水把盆栽乾死了；買來水溶性彩色鉛筆和畫板，信誓旦旦地承諾要好好畫畫，結果畫了幾天就丟在了一邊；購買了幾個付費課程，經過仔細評估後覺得很值得，結果沒聽幾節課就不了了之；辦了健身卡，心血來潮地和馬甲線約好不見不散，結果馬甲線還沒來，自己就撤退了。

她說，三分鐘熱度真的很費錢，不喜歡的事情堅持不下去就算了，但連自己喜歡的事情都三分鐘熱度、虎頭蛇尾，被家人嘮叨，自己也懊惱。

我在網路上也常收到類似的傾訴：為什麼道理我都懂，就是治不了做事三分鐘熱度的病？

今天我就來說說我的看法和破解之道。

02

1. 珍惜熱度，哪怕只有三分鐘

南非作家柯慈的小說《屈辱》裡有這樣一句話：「一個人三十歲以後，很難再產生真正的興趣。」當時我覺得這句話特別驚悚。我很害怕自己年齡變大後會漸漸失去好奇心，對任何事情都難以產生熱情，哪怕是短暫的熱情。

史航參加《奇葩說》時，有網友提醒他：這恐怕不是一個明智的選擇，因為這並非你想要的東西，辯論太虛，經歷才是真實的。

這句話引發了史航的思考：究竟什麼才是自己想要的東西呢？後來他想通了，「我這輩子想要的，都是暫時感興趣的東西」。

所以，我並不覺得三分鐘熱度是需要被糾正的行為。做人要珍惜熱情，哪怕它只有三分鐘。如果連三分鐘的熱情都沒有，那活得該多無趣啊。

2. 任何堅持，都源於三分鐘熱度

我堅持得比較有年頭的事情有：讀書、做讀書筆記、寫日記等，從小學堅持至今；早上五點鐘左右起床，我堅持了十四年；寫公眾號文章七年；大學堅持夜跑三年；去年開始堅持寫感恩日記……

其實以上這些習慣，都是我從眾多三分鐘熱度的事情裡嘗到甜頭後篩選出來的。我歷來秉持著「書不能白看」的原則，所以書裡提到有趣、有料、有用的事情，我都會記下來，但凡有條件，我就會試一試。

我聽到過有人早上醒來後會記錄自己的夢境，我也嘗試過；我看到過有人用手帳記錄每天的生活，我也嘗試過。我還給書籍包上書皮，買字帖練鋼筆字……

誰的堅持不是從三分鐘熱度開始的呢？所有堅持都是以三分鐘熱度為起點，最後踏上了不同的岔路，只是有的能長期堅持，有的階段性堅持，有的草草放棄。

3. 熱度存續期應該怎樣度過

根據我的經驗，很多信誓旦旦地說自己要做成某事，提前買好專業設備、做足儀式感、立下宏大誓言的人，通常會提前透支熱情，堅持不到「三分鐘」。而那些一開始只是覺得這事挺有趣，懷著「微精通」心態的人，雖然購買了基礎工具，但對自己期待不高、不給自己定任務的人，反而更可能成為最後的贏家。

在熱度存續期間，我覺得最重要的一點就是要放大做事的愉悅感。就拿跑步來說，我邊跑步邊聽歌，音樂的節奏和步調重合，不知不覺就跑了幾公里。當自己一遍又一遍地放大跑步帶來的爽感時，我就會覺得，做這麼爽的事，三分鐘哪裡夠。

心懷遠大、志存高遠地逼自己去堅持，身體反而會叛逆；用愉悅感和爽快感引誘自己去堅持，自然會上癮。

4. 三分鐘後，評估熱度是否該繼續

其實不是所有事情都值得我們去長久堅持，在錯誤的道路上堅持，還不如做事三分鐘熱度呢。

以前我特別喜歡美白，所以我非常注重防曬。幾年後，我被檢查出維生素D嚴重缺乏，看到網路上「防曬霜或含有有害成分」的熱搜時，我突然意識到，有些堅持其實就是一種戰略上的懶惰。

越是長期堅持的習慣，越要定期反思和評估，其中一個重要的重點就是：三分鐘熱度以後。

我常常會培養一些小習慣或小愛好，經過最初的「三分鐘熱度」期後，我會問自己以下幾個問題：

當初我想做這件事的目的是什麼？有沒有更好的方式？獲得的愉悅、成長、技能等收益，有沒有大於時間和金錢等投入成本？

「三分鐘熱度」就是一個習慣試用品，試用過後再決定要不要「購買」。

5.從三分鐘熱度裡挑出值得堅持的事去堅持

如果一件事情堅持不下來，就一定有它堅持不下來的理由；如果一件事情堅持下來了，也一定有它堅持下來的辦法。

對於從三分鐘熱度的事情裡嚴選出來的興趣、愛好和技能，如果只能接觸皮毛，不去深究鑽研，就會有一種心有不甘的侷促。

畢竟進一步有進一步的歡喜，過早結束，實屬遺憾，不要給自己貼「三分鐘熱度」這種負面標籤。依據我的經驗，從「三分鐘熱度」轉化為「堅持一年以上」習慣的比例有十分之一就很好了。

如果你做一件事只有三分鐘熱度，很可能因為你對這件事只有三分的熱愛，你應該做的是去找你十分熱愛的事情。

如果你總是做事三分鐘熱度，又很想改變的話，我建議你：規定自己在健身領域、技能領域和興趣領域各選一樣，嚴於律己。

你可以把大目標拆分成小任務，定期反芻獲得的好處或進步，找到網路上或現實中志同道合的同伴進行交流，進入「三分鐘熱度」——「微精通」——「堅持」的良性循環。

當你遇到真正喜歡的、真正適合的、真正有價值的事情時，你的熱愛自然會體現在要用的時候。

爲什麼自律一段時間就會被打回原形？

01

我之前建了個微信自律打卡群組，申請入群組者需要制定目標，然後堅持三個月。

有一天我在群組裡讓堅持滿三個月的讀者找我聊心得，其中一個讀者說，她自律一個多月就被打回了原形。

她制定了三個月的計畫，早上列待辦事項，晚上核對是否完成，每天微博打卡，堅持了一個多月。中秋節那幾天，因為親友相聚，她有三天沒有打卡，事後有種前功盡棄的挫敗感和愧疚感。看著其他成員如火如荼地堅持著，受刺激的她主動選擇了放棄。

她跟我說，打回原形比維持原狀更慘。因為維持原狀還可以找沒動力、沒同伴等藉口，但她即便和很多志同道合的同伴身處一處，仍然無法持續自律，就會顯得自己很無能。

這個問題太典型了。我來分析一下，為什麼總有人自律一段時間後就會被打回原形？我認為他們混淆了以下四個方面的問題。

02

1. 形式和行動

打卡只是一種形式，它能輔助行動，讓自律可視化，充滿儀式感和成就感。但形式並不等同於行動。

行動是自律行為本身，在時間允許的情況下，形式也應該好好做；在精力不足的情況下，你就盡量棄形式而保行動。

女生很容易混淆形式和行動。我的一位女性朋友買了效率記錄本，偶爾幾天忙到沒時間記錄，差一、兩頁她還會補一補，連續忙幾天，空白好幾頁，她索性就把效率記錄本束之高閣。

我也遇到過類似的困擾，但後來想通了，效率記錄本只是給自己看的，它的使命是為我服務。假如某天某件重要的事情臨近截止日期，拚命都做不完，我就應該把寫效率記錄本的時間拿去爭分奪秒地做那件重要的事情。

為了形式上的完整而浪費時間和心情，是本末倒置。

我讀中學時寫作文，作文簿越寫越薄，因為我每寫錯一個字就撕掉那頁重寫。後來我發現，我獲得高分的作文書寫往往並不工整，因為我把精力都投入到了文章的內容上，而撕掉再謄寫，工整的書寫也掩蓋不了錯置精力後內容不佳的事實。

我以前看過《【圖解】一寫就成真！神奇高效手帳筆記術》，作者是細緻萬分的「手帳控」，事無鉅細地計畫並記錄著生活和工作中的大小事務。她的手帳如同藝術品，四種顏色搭配得當，段落整齊，字跡娟秀，讓我感覺空上幾頁都顯得違和。但她說：「休息時內容為空，直接把那頁塗上綠色邊框。」我反而覺得這樣的手帳更加真實、可信，更有留白的美感。

別因為形式上的強迫症讓自己背上更多負擔，如果你覺得空著彆扭，就寫個生病、太忙之類的備註。當形式變為負擔時，更為關鍵的是要保住行動。

2.感受和事情

還是以本節開篇的讀者為例，事情是她在三個月的自律週期裡計畫要做的具體事情，感受是她在中秋假期對自己的放鬆，讓她產生了挫敗感和愧疚感，荒廢了之前的努力。她萌生的消極感受拖垮了她繼續行動的動力。

既然訓練週期是三個月，那就做滿三個月再談感受。訓練期間會有各種感受，但她不應該因為感受而耽誤事情。

《五秒法則》裡說，每個人都有需求，實現需求需要行動，但需求和行動之間不是直接關聯的，中間還隔著感受。書裡推薦的「五秒法則」，就是需求在出現時，刻意忽略掉感受，直接關聯行動，奪回自控權。

假如你出現在喜歡的作者的簽書會上，當作者演講完畢進入提問環節時，你特別想問一個困惑自己多年的問題。你的需求是得到答案，你的行動是舉手提問。

認識到需求後，卻冒出一系列感受：當著那麼多人的面，說話結巴怎麼辦？今天沒有好好打扮，我該怎麼辦？作者聽到我的提問，會不會覺得我很傻……

大腦為了延緩或阻止行動，也是用盡了一切辦法。

在明確需求和展開行動這短短的窗口期，如果你任憑感受擺布，開始很想提問，但思考過程中又擔心各種問題，最後遺憾或慶幸自己沒有提問，那麼你的生活將充斥著不勝枚舉且未經驗證的感受。感受也會消耗能量，很多事情與其用感受猜想，不如用行動證明。

3. 手段和目標

你以為的自律，只是你實現目標的手段之一。

很多人不是為了目標而自律，而是為了自律而自律。

在健身真人秀《哎呀好身材》裡，有一次張天愛三天沒睡覺，還去健身房做重量訓練，動作沒做完，任務也沒完成。教練說她體力明顯下降，她也不坦言自己已經三天沒睡覺。

嘉賓王菊和凌瀟肅忍不住提醒，睡眠不足還去健身，簡直是拿身體開玩笑。

看到這段時，我心裡很困惑，一個人在三天不睡的情況下，最缺的就是睡眠。我覺得她的目標應該是要調整到最佳狀態，而不是為了運動而運動。

有的人半月板（在脛骨關節面上的內側和外側的半月形狀骨）損傷了還要跑步，早起沒精神還要早起，在這種自虐中自我褒獎、自我感動，卻忘了最初的目標是透過跑步把身體鍛鍊得更健康，是透過早起把精力協調得更飽滿。

有段時間，我要用零碎時間鍛鍊核心肌群，規定自己每天做二十個健腹輪，工作再忙、肌肉再痠也要做。有時為了盡快做完，導致動作簡單又不標準。

有一次推輪走神，沒控制好健腹輪，導致輪子滑了出去，我摔在了地上。事後，我反思自己每天在「偽達標」中努力，為了完成任務量而運動，忘了初衷是有效鍛鍊核心肌群，後來我改成了做平板支撐這種更適合自己的方式。

如果你沒能持續自律，先別沮喪和自責，而是捫心自問：自己的目標有沒有改變，是否有更好的方式存在？如果目標改變了，就要相應地改變手段；如果手段欠佳，就要適當地優化。沒有經常回顧目標，沒有定期優化手段，在一成不變的舉措中自我安慰、自我滿足，也是一種懶惰。

4. 參考和定位

「簡書」創作平台上的一位朋友，她一天寫五百字，很佩服作家嚴歌苓有軍人般的紀律，一天能寫六、七個小時，這讓她望塵莫及，深感沮喪。

我猜她一天寫五百字應該不是全職作家，寫作可能只是她的個人愛好。而寫作作為嚴歌苓的職業，正如那句話所說，別用你的興趣愛好，去挑戰別人吃飯的本事。佩服歸佩服，但還是要回歸現實。

隨著自我認知的日漸精準，隨著對自律程度的逐步了解，或因早起的慣性，我被網友封為「自律小天后」。我曾因為這個頭銜吃了不少苦頭，身體不舒服還要早起，沒價值的書也要做筆記。

後來我漸漸意識到，這些只是外界的標籤或誤解罷了。我要清醒地識別出，哪些反饋不是真正的自己。我一直覺得毛姆在《面紗》裡說的「二流貨色」就是我，因為我有各種各樣的毛病和弱點，意志力和勇氣也不夠，但這才是我。

有時候外界的反饋會干擾我們對自己的定位，你千萬不要把別人眼中的自己當成真正的自己。

你在找準自我定位後，再選擇參考對象。

如果你是自律的門外漢，你可以以初級自律者作為標竿。如果你妄想直接以極端自律者作為標竿，那只會加速你從入門到放棄的決定。

自律這條路，我的經驗是：

區分清楚形式和行動，遇到衝突時，優先行動；

區分清楚感受和事情，兩者互槓時，先做事情；

區分清楚手段和目標，養成習慣時，緊盯目標；

區分清楚參考和定位，盲目學習時，做好定位。

在慢慢走出以上四個困局之後，你會發現，越自律，越自在。

偽自律正在麻痺你的人生

01

一位讀者告訴我，為了早起，他參加了一個早起打卡群組。每個人進群組之前會先繳一筆費用，然後每天在規定的時間內完成打卡，到了月底，沒有堅持打卡的人所繳的費用會被沒收，最終這筆錢會獎勵給那些每天按時堅持打卡的人。

他不想讓自己繳的錢白白浪費，於是硬著頭皮早起打卡，結果一整天都精神欠佳。後來他定好鬧鐘，打完卡後繼續睡。

我覺得這種偽自律式的打卡，把「早起順便打卡」本末倒置了，因為這種打卡只能證明你早起過，但你並沒有真正好好利用早起的時光。

現在很多自律的人都屬於偽自律，比如：

擺拍式自律：在健身房穿一身運動裝，卻妝髮整齊，一會兒騎在動感單車上單手自拍，一會兒調整手機定時自拍，一會兒又讓旁邊的人幫忙拍照。

跟風式自律：今天跟健身部落客練馬甲線，明天跟體態部落客練天鵝頸，後天跟手帳部落客做手帳，興趣來也匆匆，去也匆匆，淺嘗輒止，三分鐘熱度。

自殘式自律：一位朋友業餘報考職業資格考試，考前臨時抱佛腳，夜裡挑燈夜戰，要嘛用冰水洗臉，要嘛就去沒暖氣的陽台站著學習，結果還沒考試就病倒了。

注重形式的「打卡式」自律，自欺欺人的「擺拍式」自律，虎頭蛇尾的「跟風式」自律以及消耗身體的「自殘式」自律……在我看來都是偽自律。

所謂偽自律，就是你做不到為了清晰明確的目標而持之以恆，而是過分追求形式感和儀式感，用表面上的自律來迴避達成效率。

偽自律，從好的方面來說，可能是自律的初始階段；從壞的方面來說，可能會把你困在低效率的自律裡。

02

黃執中在《小學問》中說道，很多人在改變自己時，會陷入「do，have，be」的行為模式誤區。do——做什麼事情，have——得到什麼東西，be——成為什麼樣的人。

比如，你問某人為什麼要減肥，他說他想瘦下來（do），有個馬甲線（have），然後成為一個有自信的人（be）。

這種模式在心理學上並不成立，因為就算一時之間改變了行為，擁有了想要的狀態，但本身並沒有改變，可能只是從沒自信的胖子變成沒自信的瘦子而已。

黃執中建議嘗試「be，do，have」的模式。你在開始就想著成為一個有自信的人（be），想像自信的人更可能做什麼（do），以及會擁有怎樣的狀態（have），這樣自然就改變了。

03

如果在目標（be）、行動（do）和收穫（have）這三個環節映射出下面這些跡象，你就要小心你的自律是「偽自律」。

1. 在目標（be）層面

我的一個大學同學，曾把手臂上的皮膚高高抓起，哀號那是她暴飲暴食、忽胖忽瘦的代價。她大學時，男友每次說她胖，她就不吃主食，做各種運動；放假回家後，她爸媽心疼她太瘦，於是她在補償心理和自憐情緒下報復性狂吃，並笑稱「身體發福，受之父母」。

前年聚會，有人問身材頗好的她是不是又在突擊減肥。她回想了自己在學校減肥、回老家增肥的大學時光，在男友眼中胖，在爸媽眼中瘦，對身材的衡量都源於外界。

工作後，有一次體檢她被查出有「三高」。她震驚自己二十多歲的年齡竟然有四十歲的身體狀態，抵抗力弱、內分泌紊亂，於是迫切地想要追求健康。後來，她飲食、運動、睡眠、心情多管齊下，體質變得越來越好，還順便養成了易瘦體質。

她曾經的間接性自律是偽自律，那是她接收到別人的評價後做出的反應，更像他律。自律的參照物是自己，是比過去的自己更優秀，是建立在主觀意願上凝聚著自我價值取向和審美傾向的自我管理，其續航力更持久。而他律的發言權是外界，經常變來變去，眾口難調，因為你無法讓每個人都滿意。而強迫自己把人生活成別人期待的樣子是很痛苦的。

做事三分鐘熱度，說明你對目標也只有三分熱情。你從來沒有思考過，自己到底想要成為怎樣的人。

2.在行動（do）層面

有人問我：「早起對我來說並不難，難的是起來那麼早，卻不知道該做些什麼。」

以我的經驗，早起是實現自我願望的手段之一。讀書時，我為了學習成績好一點而早起；初入職場，為了讓工作盡快上手而早起；現在，為了工作和寫作不互相耽誤而早起。

我不會為了早起而早起。在身體疲憊時，為了保持工作和寫作的良好狀態，我會讓自己多睡一會兒。因為我知道，如果睡眠不足，那我工作和寫作的狀態都會變得很差。

我觀察過長期早起的人，他們大多是為了喜歡的事情而早起，沒有一個是為了早起而早起。

為了自律而自律，有兩種可能：一，偏執到忘了自律的初衷；二，假裝自律能產生踏實感。

以前大家熱中裝不努力，明明通宵準備考試，卻非要說自己根本沒看書；現在流行裝努力，明明根本沒鍛鍊，卻偏要擺出一副很努力的樣子。

3.在收穫（have）層面

我身邊一位有兩個孩子的女同事，年過四十卻依舊身材緊實。有一天我向她詢問身材管理之道。她答：「每天一萬步。」我反駁說，自己每天也會走一萬步。

她說她看到我午飯後在樓下走路，邊走邊看手機。她說她回家後出門倒垃圾時，會換上運動鞋在社區裡快走。

她對照著自己看到的相關文章，把「每天一萬步」發揮出最大功效，學著把手臂甩到極致，步調調至快走，不聽歌，不思考，把注意力都放在呼吸和心率上，走到身體微汗、臉頰微紅時才停下。

同樣是走一萬步，她鍛鍊了心、肺和手臂，而我只是在機械式地計步；她全神貫注，我一心多用，效果大不一樣。

她給了我一個啟示：不必抓住每個時刻去自律，而是要抓住自律的每個時刻。

上學時有抄板書抄得異常整潔，但老師提問一問三不知的同學；現在身邊有常在朋友圈曬書的照片，問他內容卻講不出來的朋友。

我見過很多強者看完一本書後，都會把書中複雜的概念用自己的話複述一遍，或運用於生活，或在網路上分享，其中都有他們內化和思考的內容。

我想，自律應該引入績效管理的概念，查閱科學的方法，摸索精力曲線，經過多次微調後，找到最適合自己的方式，力求獲得事半功倍的效果。

04

寫這篇偽自律，我絕沒有趾高氣昂地批判誰的意思，只是想戳破自律裡的泡沫。

我覺得自己也有偽自律的時候，會定期要求自己階段性地停下來反省三個方面：在目標方面，我現在的目標是回應自己的期待，還是為了滿足別人的期待；在行為方面，我現在的行為是回應自己的目標，還是為了緩解自己的焦慮；在收穫方面，我現在的收穫和付出是否成正比，未達預期又該如何有效改進。

多少人在「自律能讓人開掛，自律能給人自由」這樣的口號下，開始了如火如荼的自律之旅。但我們要清楚：自律能讓人開掛，但偽自律不能；自律能給人自由，但偽自律不能。

早上五點起床，堅持十四年，會怎樣？

01

「一個檯燈，一台電腦，一杯水，早上的時光靜謐而奢華，每天早上五點左右起床，今年已經是第十四個年頭了。」

我發了這篇文後，收到不少點讚，其中有人說：「自律得讓人肅然起敬。」網友真是過獎了。

我剛開始早起時，並沒有意識到這是一種自律，更沒有意識到早起會改變我的人生軌跡。

早起這件小事，雖不值一提，但堅持了十四年，連我都有點佩服自己。

這些年，我寫的早起文章、發的早起微博，吸引了不少志同道合的人：很開心有人因為我而打開早起的「試用裝」，並跟我探討早起的困難；有人透過微調讓早起變得更加高效率，也有人發現自己並不適合早起；更開心有人階段性地向我反饋，因為堅持早起，成績得到提升，工作中得到重用，精力變得更加旺盛，離夢想更近了一些。

堅持了十四年後，我對早起這件事有了更深的理解和依賴。我想滿懷儀式感地紀念一下我和早起的「象牙婚」。

02

早起這個好習慣是我在大一時正式開始的。

大一上學期成績公布後，我排名在全班倒數十名之內，大學英文四級考試的分數出來後，女生中幾乎就我沒通過。平時口出狂言說大學考試發揮失常才淪落至此的我臉上有些掛不住，於是開始跟著寢室學霸早上五點起床。

從那以後，雖然學校每天的課程安排和大一時差不多，但我喜歡的美劇依舊一集沒落下，搞笑的綜藝節目也是每集都看。而且從專業獎學金拿到國家獎學金，大學英文四、六級考試、商務英文考試、物流管理中級證書我也都考過了。

畢業至今，不管工作換了幾份，朋友換了幾群，從南方搬到北方，從單身變成已婚，從業餘寫作到出書，一直陪伴我的，都是早起。

從前那個臨時抱佛腳、三分鐘熱度、拖延症晚期的我已經漸漸消失，蛻變成如今做事有計畫、工作任務總能提前完成、工作愛好互不耽誤的人。

謝謝妳，十四年來，那個堅持每天早起兩個小時的自己。

03

這篇文章重點說的是持續十四年的「長期早起」。

心理學家將自律分為三個階段：前期是興奮的，中期是痛苦的，後期是享受的。我覺得早起也有這三個階段。

早起的前期是興奮的。

剛早起時，我覺得早晨風景真好，春天鳥語花香，夏天難得清涼，秋天秋風送爽，冬天靜謐安詳。

我驚喜地發現，早上大腦的效率特別高，經過一夜睡眠，記憶力顯著提升，分析問題能用平常一點五倍的速度進行思考，沒有外界打擾，也更容易進入心流的狀態。我像一個天降巨款的暴發戶一樣興奮。

早起的中期是痛苦的。

開始早起後的第一個冬天我根本起不來。冬天天亮得晚，天氣寒冷，我沉醉在溫暖的被窩裡無法自拔。

但我想起學霸室友大學英文四級考試的分數已經那麼高了，卻還風雨無阻地早起，我憑什麼慣著自己？於是我咬牙起床，和她一起冒著刺骨寒風，沿著昏暗的路找教室讀書，手指凍得僵硬。當然，現在搬到北方以後，有了中央暖氣，冬天可以「無痛」早起了。

早起的後期是享受的。

早起過了中期，就不再需要用到「堅持」這兩個字了。我已經潛移默化地微調了生理時鐘，以前需要鬧鐘和毅力，現在已經能自然醒。晚上九點多睡，第二天早上四點多我就會自然地醒來；晚上十點多睡，第二天早上五點多我也能自然地醒來。

每個階段的早起時光，都幫了我大忙。大學時期，主要是朗讀英文，我曾把《新概念英文3》背得很熟。

工作之初，我早起主要是看專業書籍或職場書籍，讓工作盡快上手；工作熟練了，就開始看各種自己喜歡的書，後來慢慢走上了寫作的道路。

以前我看重早起的儀式感，泡杯花茶，看日出，打個坐，看本好書。近一、兩年，我早上醒來很少碰手機，喝水潤喉後，二話不說就進入寫作狀態。我喜歡早起的生活，在這個時段，我靈感「茂盛」，效率極高，可以心無旁騖、事半功倍地做自己想做的事。

早起的我晚上容易犯睏，晚上九點或十點就睏了，早早睡覺還能避免晚上瞎想。晚上想太多容易拉低幸福感，白天覺得事不關己的事，晚上也容易被想得消極、灰暗。我覺得自己越來越不玻璃心也有早起的一份功勞，因為玻璃心的高發揮時段我已經睡著避開了。

總之，早起前期靠新鮮，中期靠自制，後期靠喜歡。長期早起對我的改變不只發生在生理時鐘和事業運方面，就連性格都優化了。

04

你想要的安全感，長期早起就能給你。

每天四點四十五分起床的美國海軍海豹突擊隊指揮官傑克·威林克，總覺得世界上有個敵人在等著跟他交鋒。每天一睡醒，他就問自己，現在做什麼才能為那個時刻做好準備？「早起讓我獲得一種在心理上戰勝敵人的感覺」，他的這一種精神感染了很多美國人，這也是推特上「4：45 起床俱樂部」的由來。

你想工作、愛好互不耽誤，長期早起就能幫你實現這個小目標。

《呆伯特》系列漫畫的作者史考特．亞當斯，他的漫畫已經遍布六十五個國家，被翻譯成二十五種語言。他寫部落格，畫漫畫，出書，高產值得不像話。

他原本是辦公室上班族，剛開始畫漫畫時，每天早上四點起床。他早起後的流程完全固定，連早餐都不變，清空大腦後就開始尋找素材和靈感，然後畫畫或者寫作。

你想提升身體的素質，長期早起就能助你一臂之力。

常年在淩晨四點半或五點開啟一天生活的美國甜心珍妮佛．安妮斯頓，每天早上都按同樣的順序做五件事：用一片檸檬泡水，洗臉，冥想，吃早飯，健身。

長期早起，會讓你遇見一個美好到想都不敢想的自己。

如果你也對那個自己心動的話，建議以十五分鐘為單位，循序漸進地解鎖早起這種生活方式。

研究發現，確實有人不適合早起，就算是晨型人，也不一定要在早上五點起床。至於要不要早起、幾點起床，怎樣把時間分配、效率、精力調整到最佳，只有自己試過才知道。

我在東部地區早上五點多就能自然醒，回到西部地區的老家後要到七點多才能睡到自然醒。可見，早起不是一蹴而就的，更不是一概而論的。

大一我開始早起時，並不知道有沒有意義，是十幾年如一日透過早起提升了自己，讓一切變得有了意義。

著名投資家查理．蒙格說：「學習讓你每晚睡前都比那天早上醒來時聰明一點點。」對我來說，每天上課或上班前，我就已經比早上起來時更優秀一點了。

職場女性的日常精緻飲食

曾有讀者向我訴苦：大學畢業後，到北方某個酒文化盛行的城市闖蕩，突然從飲食清淡的學生妹變成國家企業試用期員工，壓力大、加班多，經常在外面吃飯，不時還得喝酒應酬，導致膚質直線下降，身材日益臃腫。

我想起自己剛畢業時，將拮据的收入扣除房租、水電、網路費等固定支出後，生活費所剩無幾。當時的心思也總是放在開發客戶、提高業績上，「隨便吃點」成了我順理成章對生活的妥協。忙起來經常錯過吃飯時間，加班結束後才吃晚飯，沒了外賣就難以續命，壓力大時暴飲暴食，有時便利商店的咖哩魚蛋都能抵一頓飯，心情不好時漢堡我也能吃掉兩個。

在外面吃了一段時間後，我感覺自己的體質明顯變差，額頭冒痘、面有菜色。當時有幾件事給我敲響了警鐘：犧牲健康，談何拚搏？

一是一位比我大幾歲的同事查出患有鼻咽癌。我記得他以前常帶午飯，便當裡經常有醃製食品。二是我經常中午光顧的餐廳，門口掛滿榮譽牌匾，卻被爆使用地溝油，已停業整頓。三是那段時間我抵抗力低下，一會兒支氣管炎，一會兒瞼腺炎。

於是我決定要好好吃飯。雖然上班族確實有無奈之處，但辦法總比困難多。

1.下班盡量在家做飯

就拿我現在來說，如果準時下班，我就到菜市場買菜。煮飯時，大米和糙米是基礎米，睡眠不佳就再放點小米，消化不好就再放點燕麥，見機行事，自由搭配。一般我會炒兩個葷素搭配的家常菜。

如果身體太累或下班太晚，我就買鐵棍山藥和玉米，蒸熟就能吃；或者配好五穀雜糧放進豆漿機，營養米糊一鍵搞定。

在我看來，很多人並不是沒時間、沒精力，只是懶得做。半年前的食物塑造了今天的你，頓頓與垃圾食品為伍，是給你以後的體檢報告埋地雷。

我廚藝不高，所以會拿好的食材來彌補廚藝上的短處。家裡有好幾種小瓶裝的食用油：芝麻油、花生油、山茶油、橄欖油、巴馬火麻油，一頓飯的兩個菜，我會用不同的油做。各種有機的五穀雜糧將近十來種，經常換著吃，降低重複率。有段時間我還託朋友從生態保護區的農場幫我買雞蛋。

我很少買昂貴的保養品，但在食材方面十分捨得花錢。再貴的保養品都很難滲入真皮層，經過五臟六腑的食材才是人體細胞最直接的養分。

2.在外面吃快餐應該如何避雷？

快餐是很多上班族午餐的選擇，而傷害最小化、健康最大化的飲食原則是「四少」——少油、少鹽、少糖、少熱量，落實到細節就是：

少油：以清蒸、汆燙代替油炸、油煎；

少鹽：吃快餐、吃麵時，盡量不要額外加醬料、食鹽、醬油等調料；

少糖：遠離含糖飲料；

少熱量：盡量點小份，不必把湯汁喝完，七、八分飽足矣。

中午點餐時，考慮一下晚餐吃什麼。如果晚上有應酬，午餐就多吃素菜。

我心中菜式健康度的排名是：日式>中式>西式。但平時我還是以中餐為主，盡量選擇知名連鎖店的粵菜餐館。如果吃西式快餐，我會點全麥麵包+火雞胸肉+新鮮蔬菜的三明治，並叮囑店員醬汁減半。

我身邊不乏啃著鴨脖還罵食品安全有問題、吃著麻辣燙還憂心基改食品問題的人，宏觀問題需要關注，但個人微觀層面更需要重視。

3. 點菜時需要遵守哪些準則？

我的點餐大法裡最重要的準則是，做法比食材更重要。

比如豆腐是優質蛋白，可飯店裡的家常豆腐一般是先炸再炒，油脂和熱量較高；馬鈴薯脂肪含量低，但炸馬鈴薯、拔絲馬鈴薯、地三鮮的脂肪含量就會很高；魚是低脂肪、高蛋白的健康食物，但煎魚、炸魚、烤魚，很可能會在烹飪過程中產生不健康的物質。

涼拌、蒸、熗、燉等無油或少油的烹調方法相對健康，而煎、炸、油燜、燒烤的做法不僅會破壞食物的營養成分，還會產生致癌物。例如肉類經油炸後會產生雜環胺，肉類經燒烤後會產生苯芘，穀薯類澱粉經油炸後會產生丙烯醯胺。

所以，點菜時，蔬菜最好涼拌或清炒，吃魚最好清蒸，肉類優先清燉，海鮮選擇白灼。關於飲料，不喝最好，玉米汁、黑麥汁、豆漿次之。餐後的點心或甜點適可而止，尤其是酥皮類、冰淇淋等高熱量食物要敬而遠之。

4. 應酬時怎麼吃才相對健康？

工作場合可能會有喝酒等應酬，就像文章開篇的畢業生問到的問題，如果眼看就要遲到了，能預料一進餐廳就要自罰三杯，那路上一定要吃點東西墊一下胃。

如果你像我一樣，覺得喝酒傷身，看不慣別人強行勸酒，但又不好當場發作，我有些藉口可供參考，比如可以故作遺憾地說：「我在備孕」、「我生病剛吃了抗生素」、「我酒量很差，上次吐了主管一身」，如果對方依舊糾纏不清，那首選紅酒，每次少倒一點，緩緩下肚，不必豪邁地拚酒。

我們在應酬時聊歸聊，大腦裡別忘了關照自己的身體這根弦。吃飯順序依次是湯、青菜、米飯、葷菜，腸胃不好就不要冷熱交替、甜辣輪流，多聊天、少進食，你可以選擇螃蟹這種吃起來花時間，但進食量有限的食物。

5.如何在自律中達到自適？

我有個身材很好、臉蛋白裡透紅的同事，她在吃這方面特別自律，每次和她吃飯都是我偷師學藝的好機會。

比如菜裡有勾芡、糖醋等做法，她會用筷子或勺子把濃稠的湯汁刮掉後再吃；火鍋只吃清湯鍋，會把高熱量的芝麻醬換成沒油的海鮮汁；她吃飯見飽就收，細嚼慢嚥，說身材好的程度和進食速度成反比。

我曾問她，這麼克制飲食會感到痛苦嗎？她說：「我不克制飲食才會痛苦。」

有人覺得，一日三餐，連吃飯都那麼多規矩，在色香味俱全的美食前還強忍欲望，實在是辜負了人類進化千年、站在食物鏈頂端的地位。可是我親自試過，自暴自棄放任飲食後不久，就發現整張臉都「此顏差矣」，連續幾頓都吃重口味的麻辣鍋後，會覺得口乾舌燥；吃多了超市的包裝食品，打嗝都會有那種食品的味道。所以一個人在自律中達到自適，才是最好的狀態。

我不會去隨意效仿藝人的苛刻飲食，也不會跟著報刊上的瘦身餐亂吃。我不強求自己要多瘦多有骨感，而是透過控制日常飲食和有規律的運動把身體的根基打好，偶爾吃頓「不健康」的美食也不必心存愧疚。

健康、穩定的飲食習慣就像一台冷氣機，偶爾外面有冷空氣或熱空氣進來，也能很快變成設定的溫度。

總之，食物會日積月累、由內而外地塑造我們的身體。我們既要好好工作，又要好好吃飯。為了自己的健康和未來，我們要多埋驚喜，少埋地雷。

健身是唯一能媲美「多喝熱水」的萬能藥

01

美國脫口秀演員艾傑西有個段子：「中國人把開水當作什麼病都能治的萬能藥，我咳嗽了，他們說喝點開水；我骨折了，他們說喝點開水。中國簡直應該出口開水。」

仔細一想，身邊的親人朋友聽到我們上火了、不舒服、不開心，好像真的會本能地建議我們多喝熱水。在我眼裡，唯一能跟多喝熱水媲美的，也只有健身了。

就拿我來說，健身對我的體質、樣貌和性格有著顯著的影響。

1. 小學

我小時候體質不好，頭髮黃、身體瘦、心臟有雜音，醫生建議我不要做劇烈運動。病人人格的自我植入讓我逢體育課就請假。

小學四年級時，因為身高「過人」，我被老師挑選到籃球隊。父母覺得我體質太差，需要鍛鍊，囑咐老師多多關照後，就讓我去練習打籃球了。那時，我每天早上六點半開始體力訓練，要嘛跟著隊伍去公園跑步，要嘛綁著沙袋做蛙跳。下午四點下課後，接著訓練球技，運球、投籃、分組比賽。

那段時間的訓練，讓我的心肺功能提高了許多，生病頻率也有所下降，並且感覺自己變得特別有活力。運動量大，飯量也隨之增加，皮膚還被曬得黝黑。

2. 中學

進入國中校園後，我就沒有練習打籃球了，每天上學、回家都坐公車，課業也比較繁重，體育訓練戛然而止，可我的飯量依然很大，因而身材迅速往橫向發展。腦力勞動過量，而體力勞動匱乏，我的體質迅速下降。記得高二時有一次測試八百公尺跑步，我居然昏倒在了跑道上。

3. 大學

身體終於有時間回應變瘦的想法了，在月黑風高的晚上，我裹好保鮮膜，去操場跑步，四百公尺環形跑道，慢跑十圈。為了減輕枯燥感，每次跑步時我都會戴著耳機，感受著腳的落點和音樂節奏的完美重合，越跑越興奮。跑足十圈後，變跑為走的那個瞬間感覺太棒了，我彷彿能感受到武俠小說裡那種經脈打通、熱氣升騰的感覺。之前跑步時，心臟的收縮感、喉嚨的火辣感，被一種豁然開朗、渾身輕盈的舒爽感取代了。

慢跑讓我受益頗豐，減掉了我不想要的脂肪，驅散了我的失意心情，給我臉上增加了好氣色，給我體內注入了復原力，給了我高品質的睡眠。最重要的是，慢跑可以改善體質，提高免疫力。

4.工作後

我剛畢業時收入不高，運動項目就是晚飯後到公園快走或到樓下跳繩。後來薪水漲了，我就辦了健身卡，定時去健身房推推器材、騎騎單車、跳跳健身操。偶爾一段時間不運動，我就感覺靈感閉塞，大腦裡總有雞毛蒜皮的小事，整個人很沒精神。但是運動之後，立馬就會好轉，那種健康、紅潤的氣色，真是最佳妝容。

我會根據下班時間和工作強度來調整運動的強度和頻率。我還購買了一些健身器材放在家裡，如橢圓機、跑步機、健腹輪、瑜伽墊、彈力帶等。

5.懷孕後

孕前期，我孕吐很嚴重，沒有精神。懷孕十四週後，隨著孕吐反應的減弱，在醫生的評估下，我報名參加了孕期瑜伽課程。

上了一個星期的課，我就明顯覺得自己的狀態好了很多。舒緩悠揚的音樂撫平了我內心的焦躁，動作越做越標準，耐力越練越持久。每節課的輔具和訓練方法都不是一成不變的，一會兒用瑜伽磚，一會兒用彈力帶，一會兒用椅子，一會兒用瑜伽球，感覺和一群準媽媽在一起，我玩著玩著就做完了運動。

從我的經驗來看，運動和膚質、氣色、心情、體質、工作效率等都有關聯。

02

面試時，面試官一般會問我們的工作史；相親時，對方會問我們的感情史，但我覺得，要想了解一個人，健身史能更加清晰地反映對方的人生追求和自律程度。

我們之所以成為現在的我們，健身起了很大的作用。在健身達人那裡，運動是馬甲線附體、反手摸肚臍的大功臣；在「吃貨」那裡，運動是胖子變瘦、猛吃不胖的魔法棒；在我這裡，我單純愛著運動給我帶來的勃勃生機和昂揚鬥志。

我的運動信條是：堅持鍛鍊體魄強，力拔山兮有何難？緊實、健康的身體不單是為了漂亮，更重要的是讓我有力氣為夢想拚搏，有精力消除一切苦厄。

關於健身，我有幾個大道理要講。

1.別把健身窄化爲減肥

有的女生在量體重時，恨不得拔完智齒、剪完指甲才上體重計，一旦數字增加，就會如臨大敵、備受打擊；若看到數字下降，則會歡欣鼓舞、手舞足蹈。

我倒覺得沒必要死盯著數字，不必為了體重計上的數字乍驚乍喜，因為瘦和輕遠不及皮緊肉實、線條優美漂亮。

懷著斤斤計較、拚命減肥的態度去運動，你就會選擇熱量消耗大而非你真心喜歡的運動項目，因此，就會讓運動變得枯燥、難熬，吃東西也會計算熱量，患得患失。一旦體重沒減輕，或進入瓶頸期，你就容易氣餒。

2.健身實際上是「健心」

很多人運動的初衷在於減去身上的肥肉。

我讀大學時之所以會去跑步，很大原因是受不了鏡子裡臃腫的自己：試穿無袖洋裝，根本沒有想像中的纖弱、甜美、有仙氣，而是感覺甩開手臂就能下田犁地；穿上收腰小禮服，完全沒有想像中的搖曳、婀娜、有氣質，而是類似一個直立行走的粗壯郵筒。

但當我開始堅持慢跑時，我感覺心態都變得積極向上起來，而且腰圍縮小、氣色紅潤、入睡迅速、反應靈敏、極少生病。最重要的是，我還萌生了一種「我的身體我做主」的掌控感，覺得身體裡總有股能量幫我去對抗外部的阻力。

3. 務必用健身武裝自己

很多人總是用工作忙、學業重來給自己找不運動的藉口。我認為，任何人為不運動找藉口都是可恥的。李開復在《向死而生》中就勸道：「別拿健康當成就的祭品。」

我認識一位大學英文教師，三十六歲的她，高齡產子後恢復極好，原來她從讀高中時就開始堅持每週游泳兩次，而且早上聽英文新聞時都會練瑜伽。

一個在知名會計師事務所工作的同伴，儘管頻繁出差、經常通宵加班，但她還是在辦公室附近的健身房辦了會員卡，上班前或午休時，她都會去鍛鍊身體。

我以前的主管，我去洗手間碰見她在洗手台旁做深蹲。她告訴我，她送小孩去才藝班上課時，自己也會到才藝班樓下的健身房練習搏擊操，等小孩快下課時再去接。

即使在我工作最忙、壓力最大的時候，我也會「不擇手段」、見縫插針地運動：睡前做幾組平板支撐，提重物時把重物當作啞鈴抬上幾次，抹保養品時都要扎著馬步。總之，我們只有用健身武裝起自己，才能對抗歲月的殘酷，體會到生命的柔情。

第四章✧調理好情緒，遠離玻璃心

自我悅納是場修行，所以我根本不忍心讓自己痛苦、懊惱、後悔、無奈。當貧瘠的現實向我襲來時，我覺得連嘆息都是多餘的。只有化傷痛為能量，視挫折為動力，愛自己，才是我這一生的終極羅曼史。

爲什麼你總是不開心？

01

數月前，朋友經常打電話給我訴苦，生活的難處像約好了一樣，在她的孕期中接踵而至：自己工作不順，老公工作慘淡，理財產品爆雷，夫妻爭吵升級。

每次朋友情緒激動地跟我訴苦時，我都會提醒她，無論如何都要保持開心，為了自己，更為了孩子。

朋友說，道理都知道，吃頓美食，買件美衣，看部喜劇，可這些方法治標不治本，只有短暫的移情作用。她問我，怎樣才能養成我這種心態。

我常被身邊的人誤以為活得開心。與人打招呼時，我常被問有什麼喜事，怎麼這麼開心。其實自己煩心事也不少，只不過是在調節心情方面下過一番苦功。

在我看來，開心是件奢侈品。我們羨慕貌美的人、有錢的人，但貌美的人、有錢的人卻羨慕開心的人。

開心是我一直研究的人生課題，如果我連續三天不開心，就一定會想辦法做出調整。

02

1. 排查不開心的主要原因

不開心主要有兩種情況，一種是因為具體事件引發的不開心，這種情況需要揭開情緒的面紗，鎖定深層原因。

我們的很多情緒都會經過複雜的扭曲和轉折，比如「惱羞成怒」，表層是「怒」，深層卻是「惱」和「羞」。在表層「憤怒」的感受下，也許真正的感受是「傷心」；在表層「緊張」的感受下，也許真正的感受是「開心」；在表層「生氣」的感受下，也許真正的感受是「慌張」。

所以，遇到讓自己情緒起伏較大的事時，可以試著撥開表層情緒的煙幕，讓深層情緒暴露出來。

另一種不開心是找不到明確的觸發點，生活死氣沉沉，日子疲於應付，讓人變得迷茫困頓、心情沮喪。

很多人覺得，生活是由百分之五的開心和百分之九十五的平淡組成，於是他們把這種平淡且不太開心的狀態當成了生活的常態。

可我並不想要這樣的常態。我想增加開心在生活中的比例，甚至想把開心作為生活的常態。

這就需要列出一個排查清單，把不開心的因素找出來。雖然想到哪裡寫到哪裡也有效果，但分門別類更高效率。每次我都列清單，結果越列越清醒，生活中的主要矛盾和次要矛盾一覽無遺，讓我知道哪些取決於天意和別人，難以改變；哪些其實並沒有那麼重要，不必在意；哪些接近讓我不開心的本質，而且自己能主動干預。

生活總會有一個主要矛盾和多個次要矛盾，解決了主要矛盾後，某個次要矛盾就會上升為主要矛盾。但我相信，次要矛盾的傷害已經降低，更重要的是要從中學會解決矛盾的方法，讓自己慢慢地更有掌控感和成就感。

2. 外化內在的情緒

我發現，很多人身體累了不用別人提醒也知道休息，但是心若累了，哪怕有別人提醒也無法解決。

薩提亞學派的心理諮詢師胡慧嫚有個方法對我很有效——根據內心的感受，擺出相應的身體姿勢。

當一個人在「討好」別人時，有個很典型的姿勢，就是單腿跪地，一隻手向前延伸，手心朝上，另一隻手則放在胸口，自卑到把自己放低，渴望被看見、被理解。長時間保持這個動作，你會發現蹲跪著腳好痠，手臂也好累，整個人重心不穩，搖搖晃晃，要很努力保持才不會跌倒。

當一個人在「指責」別人時，有個姿勢很形象，就是身體站立，一隻手扠著腰，一隻手伸出食指，用力地指著對方，眼睛裡只有自己，把別人看得很輕，感覺自己很權威、很有面子。

這個動作看似很爽，但保持久了也會讓人覺得辛苦。因為你的手要一直用力，手臂也很痠，即使你用手扠著腰，支撐著身體，也會感到越來越累。

以上姿勢只要持續一會兒，身體就會累。討好他人的人會發現，站起身來平視對方更輕鬆；指責他人的人會發現，用手拉近對方更舒服。

身體累了，你會調整；情緒累了，也該意識到它需要調整了。

我在排查出現階段不開心的主要原因後，會將其外化成肢體語言，讓自己的感性和理性都知道：這個主要原因讓我累到想要改變自己。

我嫉妒心很重，當我意識到之後，也發明了一個相應的動作，一條腿站立，一條腿踮起，抱著雙臂，斜眼看人。只要堅持一會兒，我就會覺得眼睛很累，重心不穩，累到我想要改變姿勢，比如正常走路或標準站立的姿勢。

改變姿勢後我意識到，人只有把自己的人生過好，才不會太糾結別人的好與壞，至於別人的人品怎樣、情商怎樣、處世怎樣、語氣怎樣，這些都只是我內心的秩序。既然這種秩序只是我內心的，就不必讓別人參與維持。

身體最舒服的姿態，除了心滿意足地躺著睡覺，就是雙眼正視前方，以不快不慢的速度前進。情緒經外化後也一樣。

3.把自己的人生過好

我曾經發過一篇文，得到了不少人點讚。

「既然要對自己好，我們就不要縱容自己今天狀態不好、明天心情不佳，三、四天已經是上限。我們可以做好每天的計畫，然後用一整天去落實，晚上回來核對計畫，狀態不好、心情不好的問題很快就能被解決。」

為好心情加分的事項有：寫情緒日記，分析自己的處境；寫感恩日記，感覺世界依然愛著自己；健身房裡有氧運動和無氧運動相結合，感受每個細胞的呼吸；看一本哲學類的書籍；吃一頓精緻美味的大餐；晚上睡個好覺。第二天，你的心情肯定會變得陽光燦爛起來。

給好狀態扣分的事項有：看粗製濫造的節目看得頭昏腦脹；期待別人懂你並為你製造驚喜；覺得自己付出太多卻沒有回報；用敷衍了事的方式打發自己……

你對自己的活法和狀態越滿意，就越容易寬容身邊的人讓你討厭的行為，越會忽略運氣對你的影響。

以前常聽到「做人呢，最重要的就是開心」；長大後覺得，做人呢，最困難的就是開心。木心說：「快樂是吞嚥的，悲哀是咀嚼的。」我好希望自己能有這樣的心態，能把生活中的悲哀快速地吞嚥下去，把快樂久久地咀嚼到回甘。

每個人都應該把自己的不開心分析清楚，處置俐落後，迎來愉悅的美好狀態。

連續五十天被誇獎的女人，容貌變美了

01

1. 女生的漂亮是誇出來的

曾經有篇〈連續五十天被誇獎的女人〉的微博文章登上了熱搜。松子的節目做了個實驗：連續五十天被誇獎的女人，容貌和氣場改變了很多。一個人被誇得多了，自我認同感就會提升，會變得更加自信，整個人都會閃耀起來。

其中一位實驗者面戴口罩，微胖，剛開始不知她是因為拘謹還是自卑，眼神有些閃躲，總把「不好意思」掛在嘴邊。節目單位在網路上選好老師後，就正式開始實驗。

第一天見面，老師就誇女孩眼鏡好看，黑色的頭髮和紅色的鏡框特別搭。女孩特意摘下眼鏡，把它擦拭得更明亮了。

第二天，她在課程中不斷聽到讚美：「這件T恤很可愛。」、「這束花送給妳。」課程進行了半個月後，女孩的生活出現了明顯的變化，她開始摘下口罩，學著化妝。

第三十五天，女孩買了幾本時尚雜誌，穿上一身白色裙子。老師誇她的白色裙子很漂亮。

實驗進行到第五十天，女孩整個人變得又瘦又美了，面對鏡頭也能自然微笑了。每天實驗結束後，女孩都會為自己拍照留念。當她把這些照片串聯起來連續播放時，觀眾才意識到她的容貌、氣質、神態等都有驚人的進步。

2.孩子的聰明是誇出來的

在電影《銀河補習班》裡，一個小孩從小就被老師說「少根筋」，他媽媽也覺得他不聰明，甚至說他笨，班主任更是當眾批評他。

但這個小孩的爸爸一直誇他，誇他很特別，誇他很棒。後來，小孩從成績差的學生變成了太空人。

情節戲劇性的部分先不說，其中有一幕令我印象深刻：小孩在學校被班主任數落後，他的爸媽雖然在一旁爭辯，但他媽媽說他笨的音量大到所有人都能聽到。小孩受傷的神情，讓人覺得十分揪心。

3.男人的優秀是誇出來的

在某期《圓桌派》裡，作家馬家輝說，自己一個月前圖好玩花了八十八元加入了「誇誇群組」，群組裡每天會發十五條訊息來誇他。付費的「誇誇群組」似乎誇得更準、服務更好，例如「你比明星帥」、「你的文筆好」。

馬家輝說：「你想像不到，本來剛開始只是覺得好玩，但每天被誇十五次以後，覺得成就感高了很多，小說都寫得特別快。」

有細節、有真誠感的持續誇讚，會讓一個人變得更加自信、從容，更有向不足宣戰的勇氣。很多時候，誇讚是一個人變好的催化劑。

02

國外有個實驗，實驗者選中兩株長勢相似的盆栽放在校園裡。學生對著其中一盆說：「你就是一個錯誤」、「你一無是處」、「你根本不算綠色植物」、「你還沒死嗎？」學生對著另一盆則說：「我喜歡你做自己的樣子」、「我一見到你就特別開心」、「這個世界因你而改變」、「你真的很美」。

據說這個實驗持續了一週以後，學生逐漸發現被語言霸凌的盆栽開始慢慢枯萎，而另一株被讚美的盆栽則長得枝繁葉茂。

植物都能被評價影響，何況是人呢？我們不僅需要親朋好友的誇獎，也需要陌生人的讚美。那為何我們這麼「缺誇」？

我在朋友圈裡看到有人過著自己想要的生活，內心有種失落感；工作中，功勞是團隊的，失誤是自己的，「相形」之下，自己「見絀」；生活中，親朋好友習慣潑冷水，而吝嗇鼓勵，全是一副刀子嘴豆腐心的模樣。

章子怡回憶當年拍《臥虎藏龍》時說道，從頭到尾，導演李安都沒有誇獎、鼓勵過她，這對她來說是一種精神上的折磨。她說：「李安導演會鼓勵楊紫瓊、會誇獎周潤發，就是不誇我。」

所以，現在越來越多的人意識到，誇獎具有強大的功效。每個年齡段、不同性別的人都需要被誇獎。

當犯糊塗、自大時，你聽聽批評也很好；當心理能量不足，被人責罵，缺乏自信時，你聽聽誇獎更好。

在我看來，誇獎就像一種沾醬，沾一點提味就行，不必整個浸入，那容易讓你忘了自己是誰。

03

做為被誇獎的人，我們該怎麼做？

在〈連續五十天被誇獎的女人〉的微博文章話題下面，我看到有網友問：「如何自然而然地被男友看到，被家人看到？」

乍一看我覺得挺幽默，但細想後又覺得很傷感。因為我經常聽到有人講自己的感情關係或原生家庭時，說自己很少被誇獎，我確實覺得這類人的自我認同感和存在感相對較低，甚至還更容易產生戾氣。

我覺得，如果你需要被誇，就大大方方地說出來。在任何一段關係裡，自己都是參與者，憑什麼別人說什麼自己都得擔著？別人對待你的方式，大部分都有你的默許。

我這個天蠍座女生經常會告訴身邊的人，我心眼很小，需要被誇。

在我小時候，家裡來客人，我爸媽會誇獎朋友家的小孩，有一次甚至當著很多人的面說那個小孩各方面都比我優秀。等客人走後，我表達了自己的不滿。儘管父母向我解釋，說當著客人的面需要說些場面話，他們在外面也經常表揚我，但我還是直接說出了我的訴求：你們要當面誇我，而且不要拿我和別人家的孩子作比較。

我老公在我們剛認識時，儘管經常誇我工作做得好、皮膚白，但偶爾也會直言我小腿粗。而我習慣了他的誇讚，卻對他玩笑性質的批評特別介意，但與其悶在心裡默默介意，不如直接對他說出自己的感受。

我讀過一本書，書裡說，為什麼法國女人是全世界最好看的？因為法國男人把法國女人誇成了世界上最好看的女人。而法國女人也從來不問另一半「我這身打扮哪裡不好看」，因為一旦你問了，對方很可能就會以審視的眼光來打量你，而那樣總能發現你不夠好的地方。

當需要被誇獎時，心情低落時，你不妨直接跟對方說：「現在快點誇誇我。」

04

我們該如何誇讚別人呢？

我曾經看過馮唐的一句話，他說，「我四十歲前喜歡愛笑的女生，四十歲後喜歡不挑我毛病的女生」。

其實男女都一樣，最差的婚姻就是互做彼此的「差評師」，整天挑刺，自己心裡的刺、對方身上的刺、感情中的刺，越挑刺越多。

上學時，老師誇我作文寫得好，直到今天我還愛寫文章；讀者誇我自律，我就真的一天比一天自律。

去誇別人吧，就像做慈善一樣。

那具體該怎麼誇呢？

1. 誇人只誇一平方公分

一位主持人曾這樣說：「誇人要縮小範圍，要先做功課，要有創意。」她還說，「一個人的體表面積大約兩平方公尺，誇人家看起來有精神，誇的是全身；誇人家臉色好，範圍就縮小到臉部了；誇唇膏顏色美，更集中；再縮小範圍到耳環，更有力度——同樣份量的讚美之詞，是攤到兩平方公尺有力度，還是落到一平方公分更有勁？」

2. 誇人要誇他努力

我曾聽到一位辯手說：「請誇我『一直很努力』。」不用擔心自己在做的事情配不上努力這個詞，人要有成長的心態，你所做的事的價值跟意義，可以被你的努力所改變。

當誇別人的時候，我們不僅要誇他「真的很努力」，還要誇他「一直很努力」。如果只是誇對方透過遺傳或繼承等方式被動擁有的東西或特質，就算你誇了，對方也不知道前進的方向。所以，我們要誇對方努力的過程，因為這有跡可循，對方會進一步完善和提升自己。

幸福的人，只是更早地意識到了自己有被誇的權利和誇人的義務。

恰當的表情管理術，能爲顏值和氣質加分

01

總結過去幾年自己為了變美所做的努力，依次可以歸納為：外表管理、體態管理和表情管理。

上大學時，我很看重外表管理，所以選修營養課，飽覽保養書，調整作息、飲食和運動。

工作以後，我很看重體態管理，因而專門報名訓練班訓練體態，平時注意矯正自己的不良體態。

繼外表管理和體態管理之後，我又把範圍延伸到了表情管理。

02

表情管理到底有多重要呢？

人中較短的瑪麗蓮．夢露，早期笑起來時牙齒全露。她反覆練習後，笑起來上嘴唇更平穩，牙齒微露，眼皮微垂，眉眼裡更有風情，最終形成了集孩童般天真和摩登女郎般性感的獨特氣質。

很多藝人在剛出道時，明明應該是年輕貌美，但留下的照片往往不夠驚豔，還經常被拍到一些齜牙咧嘴、口歪眼斜的照片。隨著藝人資歷的加深，他們找到了適合自己五官和氣質的最佳表情，再被拍照後，照片也變得越來越好看。

他們除了因為摸索到了更適合自己的光線和妝容，還有更重要的一點原因——利用表情管理揚長避短，無論處於動態還是靜態，都能呈現出更美的自己。

在我看來，普通女人雖然沒必要對自己像藝人那般嚴格，但也應該適當地管理表情，其原因有三：

一是得體的表情管理更利於人際溝通。一項研究表明，人的表達靠百分之五十五的面部表情和百分之三十八的聲音加上百分之七的語言內容。

二是很多人看到自己表情失調的影片或照片，會很想穿越回去做出改變。雖然看到別人的一些照片被做成「表情包」很搞笑，但自己的照片若被做成「表情包」就會覺得很生氣。

三是不良表情的累積，可能會造成左右臉不對稱、局部皺紋明顯，影響面部線條的走向，久而久之還會對顏值產生更大的影響。

03

表情管理通常有哪些可行性方案？

1. 讓眼神更加聚焦且有神

如果對方講話時眼神閃躲、面露畏懼之色，我會覺得他不夠自信；如果對方總是東張西望，我會覺得他對我有些不尊重；如果對方眼神恍惚、無神，我會覺得他精神不集中。

所以將心比心，我希望自己在和別人溝通時，眼裡應充滿善意和柔和的光。

眼神的聚焦很重要，瑜伽裡有個動作，身體在做平衡的動作時，眼睛盯住一個定點，我覺得這個動作練習對眼神的聚焦很有幫助。

眼睛是心靈的窗戶，但現在人們每天長時間盯著電子螢幕，眼睛的靈動性日益匱乏。梅蘭芳放鴿子，盯著飛翔的鴿子練眼神；六小齡童點一炷香，盯著閃動的香火頭練眼神。我們雖不必這麼拚，但眼部運動還是得做。

做為戴眼鏡多年的近視一族，我很怕自己摘下眼鏡後眼瞼腫脹、眼神渙散，所以一直力求自己要做到：看書、看電腦或看手機四、五十分鐘後，到窗邊遠眺；在從辦公室到洗手間的走廊上，做眼睛遠近調焦的練習；在街邊等車時，盯著路邊的樹葉，看到眼淚奪眶而出；眼睛疲勞時，轉動眼球，在眼眶裡畫三角形、正方形、五角星。

擁有一雙會說話的眼睛我算是沒指望了，但也不能自暴自棄，盡力守護好已有的心靈之窗吧。

2. 不良表情的負面影響

我們辦公室裡一個女同事的笑聲驚天動地，面部表情誇張，笑完又自省說大笑讓她表情紋豐富。我常聽她自勉：「不是美女都高冷，而是更注重表情管理。」

我也是個表情豐富、笑點低的人。我喜歡開懷大笑的自己，但有些習慣還是需要花力氣「整治」的，比如用手托著下巴思考時，眉心會不自覺地皺在一起；微笑時嘴角總會往左邊撇；生悶氣時忍不住嘟嘴。

不良表情若被長時間累積，就會結下惡果。據我觀察：經常大笑者，法令紋和魚尾紋會更加明顯，嘴巴兩邊像有括號包圍；經常生悶氣、發脾氣的人，年紀越大，木偶紋越重，嘴角像懸掛著重物；經常瞇眼、挑眉，眼睛無意識地向上看，容易形成抬頭紋；有抿嘴習慣的人，隨著年紀的增長，人中可能會越來越長；經常用吸管喝水，容易長「餃子嘴」，嘴周皮膚像包餃子時捏起來的皺摺。

所以，早點觀察自己的不良表情或動作，早發現，早干預，早糾正。

3. 根據長相來揚長避短

有一次朋友聚會，大家拍完照後分頭修圖。一個朋友拿著手機橫看豎看，都說自己拍出來的照片不夠好。她發現自己的顴骨肌肉比較發達，大笑起來肌肉斷層，面部線條不舒展，於是號召大家再拍一組照片。她微笑時改用嘴角肌肉發力，結果照片果然好看很多。

這個朋友偶像包袱還挺重，從那以後，在重要場合或朋友聚會拍照時，她都有意識地把原先顴骨肌肉帶動的微笑，改成用嘴角肌肉來驅動。

笑起來的女人最美，找到適合自己的笑法，還能美上加美。別相信露出八顆牙的笑容最漂亮，每個人的情況不同，嘴大牙小，露十顆牙也好看；嘴小牙大，露六顆牙都費力，關鍵取決於自己的口腔狀態、嘴唇形狀和笑肌的控制情況。

人中短，笑起來容易暴露出過多牙床，可以考慮抿嘴笑；人中長，不笑會顯得嚴肅，笑開一點更好看。

我們可以多照鏡子，多分析照片，就算不為找到最美角度，也要觀察自己眨眼的頻率會不會過高，面部小動作有沒有偏多。

4. 情感管理是底層算法

曾經班裡有一位女同學，對女生表情正常，但對男生會新增不少可愛的小動作，比如吐舌、嘟嘴、瞪眼。

我不太清楚班裡的男生喜不喜歡她的「豐富」表情，但對待不同性別兩副面孔的表情，讓我覺得有些不自然、不舒服。

有一次經朋友引薦，我認識了一位美女。其實在此之前我看過她的照片，對她充滿好感，但接觸下來深感不適。這位美女雖然長得漂亮，但優越感滿滿，覺得自己學歷高、長得漂亮，對待服務生趾高氣昂。她那種自以為是、不尊重人的態度，折損了她的美貌。

表情管理的內在核心是情感管理，內心扭曲的人表情很難自然。

以前有一位同事，我最喜歡和她一起吃東西，因為她總流露出像拍廣告片一般充滿享受食物的感覺的自然表情。有一次出門，我看到社區裡有個女孩見丁香花開了，她湊近細嗅，臉上洋溢著滿足、美好的表情。我相信那一刻她們沒有做表情管理，卻讓我多年難忘，覺得一切都是當時她們感恩、喜悅、欣賞的心境使然。

鍛鍊眼神的神采和靈動，有的放矢地糾正不良表情，培養良好的情緒和心態，適當學些表情管理術，能在很大程度上為顏值和氣質加分。

01 失意時也要記得對自己的身體負責

二〇一八年九月，幾乎所有知道內情的朋友都囑咐我要保重身體。我也確實受到了很大的打擊。九月中旬驗孕棒上的兩條紅線讓我充滿感恩，下旬診斷書上的「自然流產」讓我痛心疾首。

仍然記得那天我走出醫生的辦公室，感覺一點力氣都沒有了，直接跌坐在診間門口的椅子上，顧不上旁人眼中的體面，默默地哭了好久。

當我把這一噩耗告訴在候診區等待的老公時，他扶著我，一邊安慰著我，一邊幫我擦眼淚。我看見他去扔我用過的紙巾時，悄悄擦了下眼角。

似乎從得到消息那天起的很長一段時間裡，我都沒有辦法一個人好好待著。理性時，我會查閱檢查結果或相關科普文章；感性時，我看到小孩或孕婦就想流淚；樂觀時，我覺得老天會把最好的留到下一次；悲觀時，我害怕自己可能再也沒有下一次。

當親人來看望、朋友來安慰時，我覺得自己必須表現得讓他們放心。但只有我一個人時，我又會充滿自責，放大任何一個可能的自身原因；當我和老公在一起時，我又會責怪他在我備孕期間某頓飯菜做得不夠健康。

我知道我不該這麼做，只是自然流產的原因太複雜了，複雜到我不確定到底是哪一種。我無比討厭「自然選擇」、「緣分未到」這種模稜兩可、讓人捉摸不定的說法，恨不得找到一個明確的原因對此事負責。

那段時間我感覺好像一切都不重要了，同事跟我講的樂觀事例我聽不進去，讀者轉給我的安神「經文」我也看不下去。自己一直抱著裝有後悔、憤恨、哀傷的負面情緒的「全家桶」在胡吃海塞。

直到有一天，我翻開一本筆記，看到以前自己摘抄的一句話：「當對生活中的一切都失望時，你仍然要記得應當對自己的身體負責。」我被這句話瞬間點醒了。我要振作起來，保重身體，吃好睡好，少胡思亂想，現在這才是我能力範圍內應該做的最有建設性的事。

02

有人問畢淑敏，怎樣才能度過人生的低潮期？

畢淑敏答：「安靜地等待。好好睡覺，像一隻冬眠的熊。鍛鍊身體，堅信無論是承受更深的低潮或是迎接高潮，好的體魄都用得著。和知心的朋友談天，基本上不發牢騷，主要是回憶快樂的時光。多讀書，看一些傳記。一來增長知識，順帶還可瞧瞧別人倒楣的時候是怎麼挺過去的。趁機做家務，把平時忙碌顧不上的事情都抓緊此時做完。」

那些天，我除了做家務這條沒落實，其他基本上都做到了。主管批了我幾天假，讓我把鑽牛角尖的工夫拿來好好照顧自己。

我只有一個信念：先養好身體再說。我認真吃飯，沒事就睡，看看喜劇，聽聽相聲，養花種草，曬曬太陽。

其中最難控制的就是瞎想。我深知想太多沒有好處、只有壞處。但想法真的很難控制，我只能提醒自己，一旦發現有瞎想的跡象時，就趕緊轉移注意力。

我的朋友安慰我，電視劇、電影裡一般都會有這樣的情節，當一個人遭受磨難時，如果主角情緒泛濫、借酒消愁，那說明這個人還會繼續困在負面情緒裡；而如果主角沒有胃口也能硬著頭皮吃幾口飯，這預示著主角在不久後將會達成願望。

我身體不舒服，想法也消極，這個狀態或多或少都會影響到身邊的人。所以榮格的那句話是很有道理的：「健康的人不會折磨他人，往往是那些曾受折磨的人轉而成為折磨他人者。」我希望自己的身體能夠趕緊恢復過來，停止折磨自己，也停止折磨他人。

03

我看過林志玲在《精采中國說》上的演講。她回憶起二〇〇五年在大連拍廣告時的事。她上馬以後，馬越跑越快，於是她只能跳下馬，結果還被馬重重地踢了一腳。等她醒來，發現無法動彈，她說：「從心臟以下一公分的位置開始，六根肋骨、七處其他位置斷裂性骨折，可能再往上一公分，就沒有現在的我。」醫生說肋骨斷裂會是身體最大的疼痛，叫她一定要忍著。她問醫生：「這會好嗎？」醫生說：「會。」從那以後，她再也沒有喊過一聲痛，再也沒有掉過一滴淚。

林志玲那段十三分三秒的演講影片，我反反覆覆看了好幾遍。

「我要用我全部的精力來修復我的身體，即使那時候連呼吸一口氣都覺得好疼好疼。當我痛到快沒有知覺的時候，我就告訴自己，我要和這個痛共存。我覺得老天爺捧了我，是為了考驗我夠不夠堅強，有沒有寬闊的胸襟面對未來的一切。我花了半年的時間，回到原本的自己。我也謝謝這個考驗，因為在之後的日子裡，在每個機會面前，都要將其視若珍寶，哪有那麼多時間患得患失？如果當時不差一公分，一切都會變成零。

「我好希望自己經歷的中間過程能像按了快進鍵一樣趕緊過去，讓我也能在回顧磨難時笑著說『謝謝』。

「我心裡有個聲音告訴我，哭哭啼啼、胡思亂想、意志消沉，對自己的身體和未來都是累贅。只有對身體負責，才是對未來負責。只有身體好，才有翻盤的籌碼。」

04

木心說：「健康是一種麻木。」

我看見身邊有的女孩在月經來的第一天，還冰淇淋、冷飲不離手。有的男生明明已經瘦成了竹竿，還天天窩在家裡打遊戲不運動。

我還見過我的前同事，他因為失戀，天天晚上都喝酒，在喝出胃潰瘍以後，才覺得失去這段戀情不是什麼大事，而沒有一個功能正常的胃才是真正的大事。

身體沒出狀況之前，我們吃垃圾食物，熬夜玩手機，懶得去運動，覺得倒楣的人不會是自己；當健康出現問題時，我們才會感受到真實的病痛。

蒙田說：「健康是珍貴的東西。唯有健康才值得大家用時間、汗水、勞苦、財產，甚至用生命去追求。沒有健康，生命是艱苦的、不公正的；沒有健康，歡樂、智慧、學識和美德都會暗淡無光，不見蹤影。」

願你在百忙之中照顧好自己的身體，對身體有敬畏之心，少一點木心所說的「麻木」，多一點蒙田所說的「追求」。

不要把時間浪費在不必要的人和事上

尼采說：「我為什麼這麼聰明，是因為我從來沒有思考過那些不是問題的問題——我沒有對此浪費過精力。」

你看，尼采從來不在不是問題的問題上花費精力，甚至連想都不會想，他只對「有價值的問題」感興趣。在汲取知識方面，他知道要避開什麼、拋棄什麼。他不喜歡泛閱讀，不認為讀書越多越好。他會帶著自己的疑問去讀書，儘管他沒有建立一個完整而龐大的哲學體系，但他那豪氣沖天、光彩奪目的散文、格言和警句已深深將我征服。

不把精力浪費在不重要的事情上，能成就一個人，它也是化解你累癱、心塞的錦囊，這點我深以為然。

我認為的精力浪費，體現在工作中，是被無關緊要的事情輕易打亂節奏；體現在生活中，是偏要和自己較勁；體現在人際關係中，是過度在乎別人對自己的評價；體現在情感裡，是拋下自我也要陷在「他愛不愛我」的猜想中。

人的時間和精力都有限，消極的情緒、主觀的臆想、瑣碎的小事、常響的手機，瓜分著人們寶貴的時間和精力。

許多人那長滿老繭的神經末梢，根本意識不到自己的精力正在被消耗，因為他們已經習以為常。如果你感覺累癱、心塞，就該試著清除那些占用你大腦空間的「惡意程式」。

1.精力管控達人要主動避免干擾

在我工作的這些年裡，歷任老闆、同事贈予我不少「精力收納狂」、「高效率代表」之類的隱形錦旗。

離開第一家公司時，老闆再三挽留；和第二個東家分道揚鑣後，經理用了三個人來填補我原先的工作空缺；現在，在做好本職工作後還堅持利用業餘時間寫作，我也基本上實現了精力均衡配置。

即便以前在深圳工作期間，加班、值班時間多如牛毛，我還是會去改革開放博物館做志工；寫作之外，我還會保證每週兩本書左右的閱讀量；通常工作日下班後，我會直奔菜市場買菜、做飯；沒空去健身房，就讓家裡的健身小器材助我一臂之力……

很多人問我怎麼精力那麼旺盛，其實不是我精力旺盛，而是我把精力分配得好。

具體方法是：

總結自己一天的精力曲線，把要做的事情安排到與之匹配的精力區間；

做正事時全神貫注，把手機放到五公尺以外，把周圍的聲音處理成白噪音；

工作時，路過茶水間的「媽媽幫」或「相親團」聚眾閒聊時，微笑淡出，從不久留；

業餘時間做自己喜歡做的事，累積的正能量是助我度過一切苦厄的「強勢貨幣」。

2.把工作中的無效投入最小化

職場裡，真正活多的人是沒空喊累的。

一個女同事向我訴苦，說要嘛被不計績效的工作任務累癱，要嘛被知人知面不知心的人際關係虐到心塞，要嘛被自導自演的小劇場殺死腦細胞。

可當我經過她的位置時，看到她電腦上掛著沒來得及關閉的淘寶網，有時買的商品和圖片有色差需要退貨，她能和店家博弈、與快遞聯繫消耗一個下午；開會前偶遇集團大老闆，她會因為打招呼不自然懊惱半天；不調成靜音模式的手機整天作響，她不斷拿起手機又放下，工作任務沒完成只能加班。

我發現，工作時間常常逛淘寶、想心事、收快遞、評雜事、閒嗑牙的人，和抱怨為什麼工作加量不加價的是同一群人；強調身在職場要積攢人脈、玩轉辦公室政治的人，也是一邊對著「三高」的體檢報告擔憂不已，一邊感慨職場水深的人。

碎紙機般的手機軟體把成塊的時間切割成零碎片段，習慣性點開網頁彈出的新聞更是讓人精力渙散；研究主管的喜好和同事的八卦就更沒有意義了，別人即使家財萬貫，也不會贈你半分；他人即使無權無勢，也不會向你索要；整天研究主管的喜好和同事的八卦，還怎麼做業務？練就一身的「愛八卦人格」，是要去《知音》雜誌做編輯嗎？

在我看來，只有提高專業水準和職業敏感度，精力集中者才能捧上金飯碗。

3.不要因爲錯過太陽而流淚，否則連月亮和星星你也會錯過

當年我大學考試考砸了，沒被心儀的學校錄取，於是自勉道：「如果你因為錯過太陽而流淚，那你也將錯過月亮和星星。」、「天將降大任於斯人也。」然後我就去讀大學了。

在大學校園，我常常聽見有人痛陳大學考試的失利，擔心未來的就業。在一片愁雲慘淡的哀號聲中，我早已養成早上五點起床背英文單字，晚上七點去跑步的習慣；大家一筆帶過的社會調查，我做得嚴謹、仔細；為了調查當地民眾的生育觀，我

拿著調查問卷四處跑，從計畫生育局到街頭小巷，從婦產科醫生診間到產房病床，每份數據都真實可靠；我和學霸們相約做科學研究項目；我到學校旁的打字影印店免費打工，只為熟悉辦公軟、硬體的使用；假期我就拿著打工賺來的錢遊覽祖國的大好河山。畢業以後，社會並沒有為難我。

當你深陷挫折之中無法自拔時，你那錯放的精力會讓你心力交瘁，更會為你的未來埋下禍端。

我身邊的好友，有因為男友的劈腿，終結了四年的感情，分手後喝酒喝到胃潰瘍的；有考上很棒的學校，但是大三時因為考試作弊，被學校退學，自己患上輕度憂鬱症的。

前者若振作起來，說不定還能遇上一份後來居上的好感情，後者若能聚氣凝神地專心學習，說不定還能考上研究生，直接拿到碩士學位。這世界多的是挫折和磨難，遇到它們就難過是本能，但難過太久，就是跟自己過不去了。

自我悅納是場修行，所以我根本不忍心讓自己痛苦、懊惱、後悔、無奈。當貧瘠的現實向我襲來時，我覺得連嘆息都是多餘的。只有化傷痛為能量，視挫折為動力，愛自己，才是我這一生的終極羅曼史。

從玻璃心到內心強大

因為我的個人簡介中有一句「治玻璃心」，所以經常會收到讀者提問：「我就是玻璃心，怎麼才能變得內心強大？」

玻璃心我熟悉，因為我曾經就是。內心敏感多疑，覺得別人話裡有話，眼神有深意；小事常往心裡鑽，對別人的反應看得很重；別人關門重了、訊息沒有秒回，我都會耿耿於懷、焦慮難安，總覺得一定是自己哪裡沒有做好……那種永不下線的內心戲，動不動就讓我心寒、心塞、心累。

現在的我不再被玻璃心困擾，內心變得越來越強悍。我和大家分享一下從玻璃心到內心強大的四個心理戰術。

01

短短幾年，其實就是一段人生。

我以前的玻璃心不知是先天性格還是由家庭教育造成的，因為我媽心思很細膩，從小就教我要站在別人的立場上看問題。還有，我從普通小學升到明星國中，發現周圍有才、有財的同學太多了，這大大刺激了我的自卑感，常擔心別人會輕視我。

國中畢業後，同學換了一群，我才意識到自己那些聲音顫抖的發言、覺得不太友好的眼神、以前的揣測和多慮，瞬間變得毫無意義。

讀高中時，我放開了很多，終於敢當眾演講、當眾搞笑。我心想，即便我出醜了，三年後到了大學，又是一個全新的我。

大學四年，我更豁得出去了，做問卷調查、去街頭發傳單，做科學研究項目，去政府機關做採訪，毫無畏懼之色。人越怕丟臉，表現得就越丟臉；越不怕出醜，就越可能會變成黑馬。

一段一段的人生經歷，讓我悟出一個道理：三、四年就像小型的一生，在這段只有三、四年的「小人生」裡，比起我的見識、感受和體悟，別人對我的看法根本不算什麼。

02

玻璃心不可怕，假裝大度最可怕。

我上小學時在校隊練籃球，整天曝曬，臉上曬出斑。其實不湊近看也不明顯，但當時心裡極為介意。同學叫我斑長，我都懷疑他們是不是在叫我「斑長」，雖然心裡不爽，但計較又顯得小心眼，所以每次都裝作不在乎。

有一次，一個很熟悉的同學提到曬斑，我忍無可忍地對她發了火。她很納悶，說我平時大剌剌的，誰能看出我對曬斑這麼介意。我想也對，在乎就直說，我不直說，別人怎麼知道我在不在乎。

在自己玻璃心的領域，你千萬不要藏著掖著，故作淡定或享受。不僅自己演起來很累，別人也容易被你的「演技」欺騙，以後更可能在你的玻璃心上撒鹽。

後來，如果對方的話讓我感到難受，我會態度可愛、眼神堅定地提醒對方；若對方還一直說，我就會微笑著預先告知：「你再說下去，我可要生氣了。」

在乎你的、善良的人，知道你不開心的點後會盡量避開。那種明知你難受，還故意刺激你的人，要嘛是不尊重你，要嘛就是故意戲弄你。我猜你跟我一樣，不屑於「以彼之道，還施彼身」，那就盡量遠離這種人。

別人對待你的方式很大程度上是由你決定的。

感覺雙方有誤會，你就當面溝通一下，不要在深夜揣摩別人那句話是什麼意思，是不是對自己有什麼誤解。如果把什麼都憋在心裡，那你不是黑化別人，就是黑化自己。

勇於承認自己在某些問題上比較小心眼，是對這段關係的負責，別人也不會覺得跟你相處如履薄冰，你也不必給自己加那麼多戲，累著自己。

03

做好內心強大的基礎建設，玻璃心不要黑化，要鋼化。至於如何鋼化，怎樣做好內心強大的基礎建設，我認為分為兩個方面。

1. 在玻璃心的領域，越來越不慣著自己

很多時候，人會卡在玻璃心這個層面，逃避解決真正面臨的問題。

我剛開始寫文章時，對不順耳的反饋就有點玻璃心。其實，我真正的問題不在於玻璃心，而在於提高寫作能力。

越自信的人，越不會慣著自己的情緒，越聽得進別人有價值的意見。維護玻璃心和把在乎的事做好，哪件更重要？我覺得是後者。如果因為受挫力弱，自我調節能力差，導致錯過真正有價值的意見，那我一定不能輕饒了自己的玻璃心。

為了解決真正的問題，我甘願把玻璃心貼上鋼化膜。

2.在其他領域，植入豐盛的勢能

在我看來，每一件你做好的事情、別人的信任感、自己的成就感，都會給你增加自信的積分。當自信的積分達到一定的數量，你的內心就會變得更強大。

讀書時，我每次考試的成績都穩定在中上水準，偶爾發揮失常也不會玻璃心；工作後，我每次交付工作都奉獻了自己的價值增量，偶爾被批評也不會玻璃心。

婚戀中，內外兼修的自己越來越好，就算新聞整天說離婚率有多高、出軌率有多高，也並不擔心或焦慮，因為我心裡知道每個人都有自己的選擇，重要的是，珍惜當下，做好自己。

失敗一次，告訴自己還有機會；別人情商低，自己沒必要生氣；即使別人欣賞不了我的好，我也可以自得其樂。

04

玻璃心欠我的，必須加倍還給我。

玻璃心除了有脆弱易碎的貶義，也有細膩、周到的褒義。

工作後，我把對人的敏感轉化為對事的敏感，重視細節分析，力求把預先制定的處置方案做漂亮，提高說服策略的成功率，這為我的工作加分不少。

開始寫作後，我意識到玻璃心能讓我區分不同層次的情緒，敏銳地感知到他人的情緒變化，這種同理心對我的寫作大有幫助。

以前因為玻璃心吃過苦，現在終於享到福了，所以，我們把玻璃心用對地方就是賺了。

玻璃心的底色是自卑，卻又需要重要感和特權感，可這個時代的運轉邏輯從來不是「你玻璃心，你有理」。

不是你對著鏡子微笑，伸出手臂做加油狀，你的內心就變得強大了。你只有擁有了健康和才幹，才能談內心強大。

當你內心越來越強大，以前那些讓你玻璃心的事，就會漸漸消失。

就像多年以後，當我在歐美時尚雜誌中看到一個臉上、身上有深深斑點的女模特兒，眼神清亮，動作自信，那一刻，我覺得她特別美，也釋然了小時候自己對斑點的玻璃心。很多時候，我們所在意的只是特點，不是缺點。

看著曾經讓自己玻璃心的事都隨風散去，我打了個響指，繼續我的快意人生。

很多痛苦都源於你自找不痛快

01

我發現很多人都很擅長給自己找不痛快。

有一次，我和朋友約在旋轉壽司店見面，她提前到了。我到的時候，看她小臉氣得通紅，表情激動，額頭青筋明顯，就問她怎麼了。

她把手機很重地放到桌子上，說在網上和某位部落客吵架。那位部落客發表的觀點讓她很生氣，她指出該部落客論據錯誤，部落客就刪除了她的評論，並把她封鎖了，還停止評論三天。朋友越說越氣。

我勸她消消氣，林子大了，什麼鳥都有，五花八門的部落客那麼多，喜歡就關注，討厭就取消關注；想和對方探討問題就探討問題，對方拒不接受你的觀點也沒轍，犯不著把自己氣得臉紅脖子粗。

就像面前的旋轉壽司，你若不喜歡吃，就讓它轉走好了，追著罵它不合胃口，只會壞了自己吃飯的興致。本來上班就夠忙的，你逛個網路消遣一下，卻搭上了自己的好心情，何必給自己找不痛快呢？

前兩天，朋友向我諮詢情感問題，她和男友又因遠距離戀愛吵架了。她因為疫情一直見不著男友，思念心切，故意說反話。又因為男友沒把她哄到位，她就生悶氣。

我覺得朋友的遠距離戀愛談得真累，如果把男友能看懂自己正話反說的小情緒、聲東擊西的小欲望定義為愛的話，恕我直言，就算他們面對面交流，她的男友也可能不具備這樣的悟性，更別提遠距離戀愛了。

回憶起當時我和老公遠距離戀愛，我們基本上沒吵過架。那段時間，我剛到新的城市，忙著熟悉新生活，忙著看書、看美劇，有空我們就單刀直入地交流，大多數時候聊聊一日三餐、有趣的見聞、暢想未來，偶爾說幾句簡單明瞭的情話，累了、睏了，打個招呼就去睡。

在我看來，女人談戀愛不要這麼累，別為了不是問題的問題發脾氣。脾氣的效應是邊際遞減的，所以要發在涉及底線和原則的刀刃上。談戀愛本來圖的就是比單身時開心，你幹嘛找個人給自己找不痛快呢？

如果一個人見不得別人好，可以理解為嫉妒，那見不得自己好，這又該怎麼理解呢？

02

人總會有鑽牛角尖的時候，我也有自找不痛快的經歷，比如現在住的房子。當時買房時，仲介當著我們買賣雙方的面問到戶口問題，屋主說他壓根就沒把戶口遷進這間房，於是我們開始簽單，付買房頭期款，啟動貸款手續。最後交接時，仲介帶我們查水電燃料費、物業管理費和戶口，才發現這間房子還掛有前前屋主的戶口。

屋主解釋說，戶口上的人是他家親戚，在國外工作，年底回國就能遷走，還給我們交了押金，並承諾期限內遷走。到了年底，我問屋主，他的親戚何時回來遷戶口。一開始他還敷衍我，後來直接失聯了。

此後這件事給我帶來了很多不痛快，我一會兒擔心會影響房子轉手，一會兒又擔心會影響孩子將來上學，越想越寢食難安。但我除了想，也沒有採取任何實際行動。

懷孕後，我要把自己的戶口遷進這間房子時，派出所的工作人員讓我簽同意殘留戶口落戶的同意書，否則我的戶口就不能遷入，我又擔心簽了同意書會有潛在風險，於是回家繼續糾結。這事讓我既痛苦又後悔，怎麼當時沒事先查戶口呢？為什麼當時那麼大意呢？我抱怨仲介太不專業，怪前屋主是騙子，怪前前屋主是無賴。

受夠了因這事持續給自己找不痛快的日子，我決定行動起來，要嘛當機立斷，要嘛放任不管。

於是我去派出所拜託工作人員幫我聯繫前前屋主，了解他不遷戶口的原因；打電話給公安局諮詢戶口政策；詢問律師走法律程序的勝算機率和步驟；甚至還寫信給市長信箱說明情況，並很快就收到了答覆。

透過各種途徑，我得知前屋主和前前屋主有債務關係，也了解到自己所面臨的風險尚在可控範圍。之前，我跟自己想像出來的困境和壞人虛擬地打了一架，現在我決定將這件事情擱置，等賣房時再說，到時再向下任屋主交代清楚，是要我們代償債務遷走戶口，還是在房價上作出讓步，都可以商量。再說，也許將來政策會發生變動，也許到時候債務已經償清了。其實我們買的這間房子已經升值了不少，這些年的居住體驗也很滿意，我不能因為事情沒有百分之百圓滿而自找不痛快。

這件事讓我意識到，見好就收並不難，難的是見不好也能收。我期待事態能向好的方向發展，但也要學會快速消化事與願違的失落。想通以後，我決定放過自己，不再讓這件事占據大腦，瞬間覺得生活變得輕盈起來。

正如幾米所言：「不要在一件彆扭的事上糾纏太久。糾纏久了，你會煩、會痛、會厭、會累、會神傷、會心碎。實際上，到最後，你不是跟事過不去，而是跟自己過不去。無論多彆扭，你都要學會抽身而退。」

和網路上的不同想法鬧，和不夠體貼的男友鬧，和不夠順利的事情鬧，本質上都是在和自己鬧。跟自己鬧情緒才是最累人的，把自己的日子過舒坦了，才是最重要的。

03

我有個願景，希望自己過得痛快一點、灑脫一點、爽快一點。而這個願景的基礎，是自己先要成為一個知所進退的人，知道要往哪裡去，知道哪些是岔路，然後經過岔路時，確切地知道自己的目的地。

其實很多困擾我們的事，並不是我們真正在意的事。就像我懷孕初期，有一天上班期間上廁所時發現有輕微出血，一位同事急得不得了，馬上送我去醫院。我上網叫了輛車，不巧有人拼車，司機還要去接別人。我說情況緊急，勸司機放棄拼單，我來承擔經濟損失。一路上，我的同事為我擔心不已，又很生司機的氣，覺得司機做事不分輕重、不近人情，下車時看著司機欣然接受我的兩次轉帳，更是氣上加氣。

說實話，我一點都不生氣。一路上我都在試圖平靜地作心理建設，我擔心的是我的孩子能否保住，錢和司機早已被我拋到九霄雲外。每個人都有自己做事的重點，我沒辦法要求別人也感同身受。

為了不重要的事，我們把自己氣得心情一團糟，影響身體，多不值得啊。人生短暫而無常，要聚焦真正重要的事，閒下來的時候，想不開就什麼都是事，想得開也就那麼一回事。所以，我們與其找不痛快，不如找樂子。

葡萄牙詩人佩索亞曾說：「你不快樂的每一天都不是你的。」期待爽快人生的我，當務之急就是停止在不重要的事情上給自己找不痛快。

聽得進批評的人，成長速度更快

01

看華為的企業管理書籍，任正非的話給了我很大的啟發。他說：「不要怕批評，要感謝罵我們的人，不拿華為的薪水和獎金，還罵我們，是在幫助我們進步。」、「高級幹部內心強大的表現是，禁得起批評。世界上肯定會有不同意見，我們一定要有戰略自信，首先不怕別人批評。」

華為有個平台叫「心聲社區」，任正非對「心聲社區」寄予厚望，希望它能成為華為的「羅馬廣場」。羅馬廣場是歐洲中世紀時期位於德國法蘭克福的著名政治性集會中心，每個人都能在廣場上闡述自己的觀點，因此，眾多天才橫空出世。

任正非的言行對我產生了強大的作用力，有三方面原因：

一是聽得進別人的批評很難做到。面對面時，每個人情商都很高，有分寸、會說話；在網路上，每個人都卸下偽裝，火藥味十足。在這種網上網下容易分裂的社會環境下，聽得進別人的批評是種稀罕的特質。

二是聽得進別人的批評很重要。這些年的所見所聞告訴我，越是處於高速上升期的公司或個人，越重視別人的批評。他們懂得避免狹隘與自大，懂得汲取經驗和教訓，善於多角度思考問題，因此成長速度高於一般的公司或個人。

三是自己是很難聽得進批評的人。我自尊心較強，從小接受的是鼓勵式教育，但在網路上寫作後我才發現，學會如何面對批評，成了我猝不及防的必修課。

一位做自媒體的朋友說，被罵是常態。可當我看到欣賞的企業家、喜歡的主持人、發展快的藝人團隊在做「聞過則喜」這樣「反人性」的事情時，我就覺得，自己應該端正一下接受批評的心態了。因為我明白，他們可能也不喜歡被批評，但批評能帶來進步。

02

我曾被抖音影片軟體的算法「劫持」了自制力，寫了篇相關的文章後，就卸載了抖音。

數個月後，抖音青少年中心的工作人員聯繫到我，說他們的內刊想要收錄我這篇文章，並支付稿費。

在溝通過程中，我全程都感受到對方的謙遜和涵養，後來，我還收到了抖音送來的禮物。這讓我感慨，增速迅猛的企業有包容的胸懷、大方的態度，能夠虛心地對待「不友好」的聲音。

後來，我還寫了一篇關於某位女藝人的文章，直言她做得好與不好的方面。數天後，她的經紀團隊聯繫到我，尊稱我為「老師」，一筆帶過所有的好話，用了更多的時間和我探討「壞話」。

我覺得，聽完別人的意見作出的決定，帶著合理的邏輯和個人的自信；不聽別人意見作出的決定，帶著認知單一的自負。

馬東聊起新節目上線時的用戶評價，工作人員說基本上都是好評。馬東卻「找罵」地表示，想看負評。他說：「如果我意識到我錯了，我絕對道歉，然後免費補錄節目。」

他說，剛工作時，他體重一百多公斤，呼吸帶喘、滿頭大汗地主持節目。當時湖南衛視大樓門口的玻璃框裡陳列著近期觀眾來信，有觀眾寫信說他形象猥瑣。他當時心裡難受又委屈，但他說：「讀者信都寫了，還被總編室『慧眼識珠』地拿出來，我只能好好想想人家說的有沒有道理。」

從難受、委屈到專看負評，隔著一個人實力的增加和內心的強韌。

03

梅蘭芳演京劇《殺惜》時，場內喝采不絕，卻聽見一位老者高喊：「不好！不好！」

後來梅蘭芳找到老者，恭敬地說：「說吾孬者，乃吾師也。先生說我不好，必有高見，定請賜教，學生決心亡羊補牢。」老者指出：「上樓與下樓的台步，按梨園規定，應是上七下八，可你為何演成八上八下？」梅蘭芳一聽，恍然大悟，連聲稱謝。

梅蘭芳在京劇領域頗有造詣，或許也正是因為他這般聽得進別人的批評，不曾自負、狹隘。

越是具備自信與實力的人，越能聽得進別人的批評，他們通常會進行三種心理建設：

1.聽到批評，會心平氣和地理解

面對批評，我們會本能地覺得傷害自尊，有損顏面，激發牴觸心理，急於辯白，萌生恨意。

我曾經很喜歡的一位部落客，後來變得讓我越來越反感，因為我受不了她反對粉絲意見時的白眼和語氣，而她寫的內容，退步顯而易見。可見，未經反思的自信是種自負。

如果先給批評你的人扣上諸如壞蛋、狂徒的帽子，對方的話不管有沒有道理、對或不對，你的耳朵都好像有重兵把守一般聽不進去。

而馬東喜看「負評」，梅蘭芳稱提意見者為「吾師」，越懂得放低自己的人，越能發現有價值的訊息。可見，低頭聽批評的人，站起來比誰都高大威猛。

一個連不喜歡的聲音都能心平氣和地聽進去的人，懂得自己還有許多缺點，懂得撥開批評萃取真理。

2.聽到批評，會思辨其中的建設性

我的一個朋友，在做認證認可和監督管理工作。我對他說：「你整天批評別人，別人還得記錄、修改，真爽！」

他說一點都不爽，因為他們必須熟讀大量規定和文件，了解產品特性、相關規定，提出問題後，還得平衡修改成本和實際效用，還得有創意、有目標、有ＣＰ值地提出意見。

一個具有建設性的批評和意見很值錢，而能分辨出意見是否有建設性的人更值錢。

3. 聽到批評後，「擇善而從」地衡量採納

有時候我看時尚雜誌的評論，覺得做女藝人很難，天然美時，別人會放大妳的顏值缺陷；整容後，又會說妳的網紅臉不高級。

先聽進去，再辨別真偽，不是每個道理都通用；不是每個批評，批評者都會經過深思熟慮。要根據自己的意願和情況，選擇性地吸納別人的意見，最後再決定是否採納或改正。

現在，程式算法可以只發送你看了順眼的東西，高情商可以讓旁人只說你聽了順耳的內容，求生欲可以讓男友只講讓妳心花怒放的情話，「誇誇群組」可以讓陌生人不顧現實地誇讚你。

這個時代，悶起頭來活在一個糖衣膠囊裡太方便了，雖然擁有高濃度的甜蜜順心，但你很難有空間成長。為了能加速成長的腳步，我決定做個聽得進批評的人。剛開始寫文章時，我看到批評的話，就會從玻璃心泛濫、眼不見為淨、刪除並封鎖，到內心脆弱時暫時不理、內心強大時反芻自省，再到後來主動找寫作搭檔、出版社編輯或自媒體人氣主編求批評。

拿「被誤解是表達者的宿命」來自我開脫是容易的，用更好的表達減少誤解則是困難的。我承認有些亂撒情緒的惡意批評真的讓人心如刀割，但不管是寫信時代還是網路時代，批評者的表達方式、語氣輕重是他們的事，而得知批評後如何處理，就是自己的事了。

我會感謝有建設性的批評，如果對方能以照顧我情緒的方式表達出來，我會更感激。《海賊王》裡有一句台詞我很喜歡：「這個世界並不是掌握在那些嘲笑者手中，而恰恰掌握在能夠經受得住嘲笑與批評，仍不斷往前走的人手中。」

第五章 ✧ 不要在該動腦子的時候動感情

一個對感情輕言放棄的男人，一份不被父母祝福的婚姻，一段禁不住考驗的戀情，早知道比晚知道強太多。說到底，我還是喜歡把選擇權握在自己手中的感覺。

簡潔好用的情感經驗，早用早知道

我曾寫過一篇生活經驗分享文章，有位讀者給我留言：「我二十七歲才看到，要是我十七歲就看到，可能不會是現在這樣。」這句讚美，激勵我又寫了一篇婚戀經驗分享文章。

01

確認戀愛關係前，對異性有好奇，對對方有欣賞，對未來有幻想，被喜歡有喜悅，但我要提醒你，在該動腦時千萬不要動感情。

很多人說曖昧期感覺美好，但時間長了就顯得拖拖拉拉、瑣碎、沒擔當，不知道誰把誰當了備胎，所以我更喜歡壓縮曖昧期。

就拿我的感情來說，男友先挑明喜歡我後，我有不少顧慮。除了感情的一般問題，我們還面臨著姐弟戀、遠距離戀愛等「超難題」。我們雙方雖互生好感，卻理性上線地互問互答。用「把醜話說在前面」的方式約好不隱瞞、說真話，不要試圖故意說對方可能想聽的答案。

我問：「對於我們的姐弟戀，你父母不同意怎麼辦？」

他答：「妳是嫁給我，不是嫁給我爸媽。」

我說：「我年紀比你大，你年輕不成熟。」

他回：「我的思想比同齡人成熟很多。」

當時我們還嚴肅地探討了婚姻裡可能出現的問題和極端情況，並且表明了各自的立場，了解了對方的底線，比如說出軌的應對方式、房子的問題、生育難產時保大還是保小，以及孩子的養育、父母的贍養方案，甚至生不出孩子來怎麼辦、孩子出事了怎麼辦、一方失業了怎麼辦，最後還包括誰先去世，另一半怎麼辦……

在我看來，這些話題等談婚論嫁時再談就晚了，在戀愛前就要了解彼此的婚姻觀，如果人生目標相斥，三觀差異太大，就請謹慎放感情。

我以他女性朋友的身分去他家見了他的父母，少了些審視和壓力，多了些輕鬆和自在，吃飯談天，其樂融融，覺得二老思想超前，開朗、開明。

朋友說，我們的感情把很多程序都前置了。但我覺得，與其在戀愛腦下盲目戀愛、盲目結婚，給自己和對方將來的人生埋地雷，不如在感情基礎尚淺時少動感情、多動腦。

據說，天蠍座的人在感情問題上，認準以後就會堅持到底，所以我更得理性把關。

02

進入戀愛期後，我給自己設下的感情作業是緊盯對方的缺點。

戀愛中，我們很容易看到對方的優點，因為雙方都會以最好的姿態、最美的外表、最佳的耐心給對方留下好印象。戀愛是婚姻的預習，把對方情不自禁或有的放矢所展現出來的優點放在一邊，著力探究對方的缺點，並和對方的原生家庭聯繫起來，然後問自己到底能不能接受。注意是「接受」，不是「改變」。

戀愛歸戀愛，私底下，我總結了他性格和行為上的積極因素（自律、堅持、有思想、行動派）、中性因素（內斂、內向）和消極因素（中度潔癖、講話毒舌）。我也鼓勵他先不要被我迷住，要仔細看我的缺點。

雙方在戀愛中先看清彼此，總好過結婚後幻滅，除非婚後性情突變，不然別再說「想不到你是這種人」、「當初我真是瞎了眼」這種廢話。

有人說要降低對婚姻的期待，可是對婚姻的期待過低時，你壓根就不想結婚了。我覺得要綜合評估對方的優缺點，重點分析對對方缺點的接受度。英國作家毛姆說：「我對你根本沒抱幻想。我知道你愚蠢、輕佻、頭腦空虛，然而我愛你。我知道你的企圖、你的理想，你勢利、庸俗，然而我愛你。我知道你是個二流貨色，然而我愛你。」

結婚的充分條件是，知道彼此的極端缺點後，還想要在一起，而不是因為一句動人的承諾或者浪漫的求婚，就草率地決定在一起。

03

婚前主要看缺點，婚後主要看優點。反之，雙方都容易放不下、嘴嘮叨、心不甘。我們不要動不動就後悔選錯人、結錯婚。如果你不做好婚前把關和婚後提升，就算是和其他人結婚，問題也不會減少，只是形式不同而已。

婚前知道對方的缺點，作好心理準備，仍決定結婚的夫妻，更會自處和與對方相處，能大機率減少「跟你說了多少遍了」之類的絮叨，和「我的命怎麼這麼苦啊」這樣的自怨自艾。

我已經能把對方令我徒增壓力的特質換成其他方法來解讀。

我老公有潔癖，他讓我進門必須換居家服，去洗手間必須換拖鞋，把塑膠袋套在垃圾桶上時必須嚴絲合縫；我吃東西掉屑會收到他的「眼刀」，我的打掃成果被他判定「不合格」。這些曾經一度讓我覺得心累、壓抑、被管制，持續被低壓籠罩。我困惑究竟是人服務於環境，還是環境服務於人。

後來，我勸自己轉變觀念，多想想他潔癖的不易和好處。他下班回家後就把地一頓猛擦，週末把灰塵一頓暴吸，把家務基本上都做了。他讓我享受到了乾淨的環境，我該好好感激，並幫他維持好。

剪指甲時，我就拿著指甲刀，到樓下散步時在垃圾桶旁邊順手剪了，這也沒什麼；吃水果時，我就在廚房切成小塊拿到客廳，整口吞下去，避免濺出汁液，也不是太難。

我老公講話毒舌，還自以為幽默。比如他誇我長得白是「一白遮百醜」；我生病感冒，他說「趁妳病要妳命」；聽說我滑冰摔倒，把手掌摔裂，他說「妳好厲害」，我都被他氣到笑出來。

生氣會傷身，結了婚，廣大女性朋友千萬不能讓自己變成怨婦。

04

兩個人一起生活難免有摩擦，溫和地提醒對方是最佳做法。

以前他晚上洗完澡，順手就把熱水器關了，等我要洗時才發現水不熱。第一次，我提醒他，他還記得要幫我燒水；第二次，我再說，他就已經不把我說的話放在心上了；第三次，我直接變成問他「你到底愛不愛我」。

後來，我覺得為小事計較很沒出息，於是寫了個便利貼貼在熱水器上提醒他，從那以後，他再也沒忘過。

婚後，我們要盡量多看對方的優點，逮到了就拚命表揚；盡量少看對方的缺點，並且以積極的心態來看待；影響到自己時，就溫和有效地提醒。

我越來越覺得，一個人越滿意自己的人生，就越容易忽略對方煩人的行為。

雙方吵架時，誰做錯哪件事，就為哪件事道歉，雙方都要克制住想要前後延伸的衝動。有些話，我們心裡可以知道，但永遠不要說出口。

總有人動不動就叫囂「這年頭誰沒了誰不能活」、「離開了誰地球都照樣轉」……我覺得這種話，在婚姻存續期間最好不要當面說，儘管這是真的。

感情是積分制，每次對方做了你受不了的事，你就在內心的小帳本上扣分；每次對方做了讓你感動的事，你就加分。

婚姻的分崩離析，無非是扣分項太多。你若把愛都扣完了，到時與對方體面分開即可，放狠話最沒意思，明面上是在罵對方，其實難過的是自己。

結婚前，多說適度的狠話；結婚後，多說誇張的好話。

結婚前，多看對方的缺點；結婚後，多看對方的優點。

結婚前，把婚姻當成大事；結婚後，把婚姻當成小事。

好的伴侶，能讓你變得沒脾氣

01

身邊的一個女性朋友讓我介紹合適的男性朋友給她。我問她擇偶標準，她說首選暖男，因為她很受家人寵愛，希望找個能夠包容她壞脾氣的伴侶。

我不太喜歡暖男，想法和作家馮唐類似，認為暖男就是「智商、情商、能力、體力、外貌、資產平平或偏下，但夠閒、夠耐心、夠熱愛瑣事，總在安慰，很少緩解，從不治癒」。

我對伴侶的性格品行、思維方式、行為模式、生活習慣、原生家庭更看重，比起會不會哄我、讓不讓我、讓我擁有近乎任性的情緒自由，前者重要得多。

每次看到有文章說，遇到把自己寵成公主、寵成孩子的男人就嫁了吧，我的內心都在強烈地說「不」。

在我看來，戀愛也好，結婚也罷，我們不要找容忍自己壞脾氣的人，而是要找讓自己沒脾氣的人。如果你從小在家當小公主、小孩子當慣了，婚後還試圖延續在原生家庭中的角色和生活方式，偶爾為之可以增添情趣，但長此以往，在這樣不成熟的關係裡，一方心力交瘁，而另一方則會感到不滿。

02

很多時候，男人在追求妳時會恭維妳、寵愛妳，但步入婚姻後，男人要打拚事業，要謀劃未來，就算想把妳寵成公主或孩子，有時候職場壓力也會讓他變得脆弱，生活壓力也會讓他備感疲憊。

男人寵妻的情況當然有，但我還是傾向於認為這只是生活的一個橫斷面，很難想像男人會日復一日、樂此不疲地堅持。有時我在社交網路上看到別人秀恩愛和幸福，感覺就像看電影預告，精華全在這裡了。

我覺得，好的婚姻是建立在互相欣賞、尊重和愛慕的基礎上的，需要兩個成年人共同去維繫。只有擁有成熟的人格，才會有成熟的愛情。

03

年紀尚輕時，我看到別人的男友或老公無條件地以女生為中心，也會萌生出羨慕、嫉妒、恨的情緒；到了如今的年紀，我仍然相信世界上確實有這樣的感情，但我確定，這種小機率事件不會落到我頭上。

我是獨生女，從小被爸媽寵愛著，小時候想說什麼就說什麼，想發脾氣就發脾氣，若和父母意見不合，就氣沖沖地跑進臥室鎖上門，為此我沒少被批評。

我和老公剛戀愛時，知道再過幾個月就要面臨遠距離戀愛，所以非常珍惜在一起的時光。有一次，我生他的氣，他不知道我生氣的原因，但也態度很好地說：「如果妳生氣的話，肯定是我沒做好，以後會盡力做好，不讓妳生氣。」

後來我們結束遠距離戀愛，好不容易在另一個城市相聚，問題和摩擦卻相繼爆出。以前寵著我、順著我，說盡各種甜言蜜語、非常體貼的他，也會跟我吵架、冷戰。

回顧我們的戀愛磨合期以及婚姻初期，之所以會出現爭吵和冷戰，其中一個重要原因是，我信了他曾對我說過的「如果妳生氣的話，肯定是我沒做好，以後會盡力做好，不讓妳生氣」的承諾。

我們爭吵嚴重時，我會奪門而出。我第一次在外面住飯店，他擔心得一夜睡不著覺。我第二次跑到社區的一處角落冷靜時，他慌張地四處找我。後來我再跑出去，不管我「跑」得有多慢，他都沒有再追上來。

事不過三，後來我也不會輕易被氣跑了，因為晚上在外面很怕會出現意外。而且年紀越大，我越發現自己沒有體力再玩這種戲碼，何況第二天上班怎麼跟主管、同事、客戶解釋自己狀態欠佳，平時花那麼多時間和金錢做保養，一夜之間就被打回原形，多不值得。

04

說實話，我老公做事可靠、性格良好、安靜內斂。我心情不好時他會哄我開心，但我常會因為沒有順心合意就放大音量，看他沒有服軟或認錯，我就氣沉丹田地放狠話。他受不了我大聲嚷嚷，說話難聽，被我逼急了，他就會跟我吵。

每次大動干戈後，我都會深刻反省，將心比心地思考，誰不是父母捧在手心裡長大的寶貝？我需要關心和體貼，同樣，他也需要。

我記得某次吵完架後，第二天他跟我道歉，我卻愛理不理。他說：「我們每次吵架都是我道歉，妳從來沒有跟我道過歉。」

聽到這句話時，我的心有種刺痛的感覺。至少那個時候，我覺得自己在婚姻裡缺乏成長。吵架，雙方都有責任，為什麼每次我都覺得是他的錯？為什麼我總覺得生理期脾氣差是理所應當？為什麼我只顧著自己難過，卻從沒想過他的難處？難道我要在成年後的婚姻裡，複製小時候那個任性妄為的自己嗎？

婚姻裡，如果一方總是包容另一方的缺點，可對方一直抱著缺點不改，難道兩個人真要守著這些缺點過日子嗎？

雙方意見不合很正常，但醜話也可以好好說。我的急性子和壞脾氣沒什麼值得驕傲的，說出的傷人的狠話、氣話，就像用釘書機釘過的紙，就算把釘書針拔下來，但紙面上的兩個洞已經留下了。

為了不觸犯原則的小事跟他吵來吵去，我是有多見不得自己好，還要把他也拖下水？因此，後來每次吵架，我就盡量控制自己快要脫韁的脾氣，他也在努力反思自己、改善自己，於是我們吵架的頻率顯著降低，感情甜度日益上升。

以前我覺得自己被氣跑時他沒追出來，就是他不在乎我的安全。現在我想通了，我才是自己安全和心情的第一責任人。

他以他的方式告訴我他的原則立場和他希望的相處模式。他讓我意識到，婚姻裡的雙方是平等的，不要太以自我為中心，要考慮對方的感受。這是我在婚姻生活中得到的成長。

05

其實你有沒有想過，為什麼你在一段感情裡總有發不完的脾氣？

我的一個女性朋友，經常對自己的老公發脾氣。有一次，我們一起分析原因。從表面上看，是她對自己的老公不滿意，其實真正的原因是她看不起自己的老公，心裡存有下嫁的不甘和委屈，因此需要透過發脾氣來發洩。其實，她這樣做對己對人都是傷害。

而深層的原因更多的是對自己不滿意。

我現在越來越覺得，對自己的生活越滿意，對伴侶挑剔得就會越少。就像佛洛姆在《逃避自由》中說：「感情是一張溫情脈脈的大被，掩蓋著我們人生裡許許多多切實的問題，其實質正是，我們是如此害怕真正面對自己的生命。」

婚後，我爸媽來和我們小住。我媽看到我們輕聲細語地溝通，哪怕意見不合也會各讓一步，幽默化解，就私底下和我打趣說，已經看不到小時候那個一言不合就臭臉，翻臉比翻書還快的女兒了。她還感慨：真是一物降一物，女兒找到剋星了。

我想，最大的剋星與其說是那個教會我婚姻相處之道、持續提升自己、學會更好地愛自己伴侶的他，不如說是透過反思和成長，對自我滿意度大大提升的自己。

我在婚姻裡變得越來越沒有脾氣，總結下來有兩股合力：一是伴侶的成長讓我更加欣賞對方；二是自己的成長讓我減少了挑剔。因為我的心情燦爛了，眼裡的很多人、很多事也紛紛被我塗上了色彩。

女人如何平衡妻性和母性？

01

在距離預產期還有四個月時，我開始思考這樣一個問題：生完孩子後，我將如何平衡妻性和母性。

我有個習慣，在面對即將變化的身分時，我會提前讓自己做優先排序，以權衡在各個身分上的精力投入及預算。

我從出生至今，開始一直以女兒的身分活著，七歲到二十三歲是學生，二十三歲至今轉為員工，三十歲後增加了妻子和兒媳的身分，三十三歲又新增了母親的身分。排除學生這個過去式身分，對於女兒和員工的身分，我有充足的時間適應和調整，如今已經駕輕就熟。對我來說，妻子和母親這兩個身分就集中發生在最近幾年，所以我面臨著新的挑戰。

魯迅先生曾說：「女人的天性中有母性，有女兒性，無妻性。妻性是逼成的，只是母性和女兒性的混合。」母性是與生俱來的生物屬性，是無條件地愛孩子；妻性是後天習得的社會產物，是知分寸地愛伴侶。我眼中的妻性不是維護社會秩序和婚姻制度的工具，也不是舊時女性依附並取悅男性的思想。

我考慮的妻性沒那麼深遠和宏大，只是聚焦而具體——做為一個男人的妻子，為他做了一些事，我會不會更加快樂？會就去做，不會就捨棄，我在整個過程中毫無被要求、被強迫的感覺。

在我看來，好的二人世界，丈夫會提升「夫性」，妻子也會修煉「妻性」；好的三口之家，爸爸要會學習「父性」，媽媽也會升級「母性」。

02

《圓桌派》有期關於「母女」話題的節目，談到了女人的妻性和母性。節目裡談到這樣一個觀點：有些女人的母性更強，那麼孩子的出生會讓母親更幸福；有些女性的妻性更強，孩子的出生則代表著強行奪走部分妻子從丈夫身上得到的愛，那麼母親和孩子之間的關係就會變得緊張。

我認識一個在我看來妻性重於母性的朋友。她很會撒嬌，也很愛打扮，深得老公的寵溺。她給老公發的訊息、打的電話，旁人若是看到、聽到，準會掉一地雞皮疙瘩。

她生完女兒後，曾有輕度產後憂鬱，事後她跟我說，一是覺得自己不太想扮演、也不太能勝任母親這個角色；二是覺得生完孩子後，身材走樣，魅力降低了；三是嫉妒孩子瓜分了老公的精力和愛心。

而有些女人則是母性占上風。我的女同事小北，以前夫妻二人感情順遂、恩愛甜蜜。但孩子剛出生就出現較重的病理性黃疸，需要留院治療。她想孩子想得連月子都沒坐好。孩子痊癒回家後，她在失而復得的心態加持下，對孩子極為用心。

她在照顧孩子上親力親為，擔心孩子擦出紅屁股，幾乎不用嬰兒濕紙巾；擔心副食品含添加劑，盡量自己做一粥一飯。在她的孩子五歲生日那天，我去她家作客，發現她稱呼老公為「孩子他爸」。那天因為她老公對孩子的照顧方式沒有達到她的高預期，她當著我的面責罵她老公。

我在一旁十分尷尬，看著眼前的兩人，他們的關係似乎僅有共同撫養孩子的合夥人這一項。對小北來說，她的心裡、眼裡全是孩子，愛情、工作、友情、愛好，似乎早已淪為生活的背景。

其實妻性更強或母性更強，是每個人經過充分考慮後作出的選擇，別人沒有資格說三道四。在我看來，對自己、對家庭、對孩子來說，妻性和母性的關係如果處理得不好，就會給生活帶來巨大的隱患；如果處理得好，對各方則大有裨益。

03

多年前，我看過一本心理學書籍，其中提到女人的優先排序，書名和作者已經記不清了，但我清晰地記得書中那幅由幾個同心圓構成的圖像：位於最中間的圓圈內標註著「自我」，從內向外的第二個圓圈內標註著「夫妻」，第三個圓圈內標註著「子女」，第四個圓圈內標註著「父母」和「好朋友」，第五個圓圈內標註著「親戚」、「同事」等。

這和我當時心中的排序基本上吻合。這些年，我的默認順序也是自我＞夫妻＞子女＞父母，這個序列曾多次幫我撫順生活中的亂麻。

我現階段的人生是身分做加法，每個身分的新增都是以混亂的姿態破門而入，假以時日再進入亂中有序的狀態，最後形成新的平衡。相對而言，我更害怕身分做減法的人生。

我也曾質疑過這個序列。幾年前，我媽患癌症做手術，我去看她，在醫院裡放了張行軍床，幫她接尿、洗腳等。看著她瘦骨嶙峋、有氣無力的樣子，我不顧一切地想要辭掉工作回家照顧她。那時我的價值序列裡，「父母」被置頂了。可是當媽媽的病情好轉，生活恢復正常後，我的價值序列又漸漸恢復成了原狀。

人總是這樣，眼前的蠟燭最明亮。所以，我預測生完孩子後，在小生命和身體激素的影響下，「孩子」也會成為我的「最高級」。我可能會蓬頭垢面、狼狽不堪地照顧孩子的吃喝拉撒，可能會像提線木偶般被孩子操控著喜怒哀樂。孩子一笑一樂，我的世界就會被點亮；孩子一哭一病，我的天空頓時就會變得暗淡。

我會用自己直接的「母性」去激發老公間接的「父性」。我們一起學習，共同成長，手忙腳亂地度過育兒「新手期」，成為更好的父母。我還有自我和夢想要去實現，還希望和伴侶有甜蜜的火花，還會回到原來的價值序列中去。

在孩子出生前，關於妻性和母性的問題，我的答案是：在尋常日子裡，是自我＞夫妻＞子女＞父母的價值序列基調；在孩子出生後的「新手期」，順其自然地讓母性＞妻性；等適應了母親的身分後，再把妻性漸漸拉回到母性之前。

最關鍵的是，不管怎樣，都別忘了自我，因為只有好好愛自己，才能散發出愛老公、愛孩子、愛父母、愛朋友等一切愛的光源。

愛默生說：「一個人對這個世界最大的貢獻，就是讓自己幸福起來。」

01

融洽的婆媳關係不會自動降臨

有一次，我和朋友說起自己和公婆相處融洽，她勸我話不要說得太早，等有了孩子，感受幾年再下結論。可我依然樂觀。

首先，找到喜歡且合適的另一半，複雜的家庭問題會變得相對簡單。我和老公的原生家庭有相似性，父母都需要工作，下班回家後都要做家務、帶孩子。我們也沿襲了這種觀點和活法。我對公婆心懷感激，因為他們養育了我老公。感情的事，各花入各眼，在我對老公「情人眼裡出西施」的階段，看待他的家人也像戴著柔焦濾鏡般。

其次，透過長時間的相處，我發現了公婆的人格魅力。

公婆三、四十歲時辭去老家穩定的工作，去了深圳打拚。我喜歡聽他們的奮鬥史，聊到盡興處，我會跟他們從客廳聊到臥室。他們倚在床上，我坐在床邊的椅子上，婆婆讓我把腿伸進被窩。我愛聽他們講他們在改革開放初期的經歷。

我和公婆在一起喜歡聊老公不感興趣的國際新聞大事件、國家歷史和軍事展望，也會說些潔癖老公出現前各自收東西、大整理應付「檢查」的段子。我不太喜歡和公婆聊家長裡短等過於日常的話題。

02

雖然看到很多人為婆媳關係發愁，但每個人遇到的情況有所不同，我也基於自身立場，談談對婆媳關係的三點思考和做法。

1. 對人性層面的預知和預防

我在網路上看到有些女性感慨婆婆始終不是媽，生孩子後，與自己相比，婆家更關心小孩。我理解其中的委屈，但我想說，這很正常。如果沒有老公，我不會認識公婆，更不會叫他們爸媽。可以說，如果沒有老公，我和公婆不過是陌生人。

從血緣關係來看，公婆與老公有血緣關係，與孫子、孫女有血緣關係，但與兒媳沒有血緣關係。他們更在乎兒子、孫子或孫女，我能理解。如果我爸媽把女婿看得比我還重，我也會難以理解。

朋友曾給我打預防針，說再好的婆媳關係也禁不住生孩子的考驗。我說，那我就盡量減少考驗。懷孕期間，我跟老公和公婆聊過，孩子剛出生，老公照顧我、公婆看孩子，咱們各司其職，陣形不要亂。

聽說婆媳問題好發於女性的月子期。我自許為堅強女性，但如果身體變得脆弱，意志也會薄弱。生完孩子後，對我來說正是身體被掏空的時候，需要專人照顧我和孩子，所以我選擇了住月子中心，養精蓄銳，讓專業人士細緻地教我科學的育兒知識。

我和老公篤定地相信，我們是相伴到老的伴侶，直到感情破裂或死亡才能把我們分開。公婆看著我們過好了自己的日子，建設好了我們的小家庭，他們的兒子變得更好、更幸福，這對他們來說是很大的安慰。

2.做老公和公婆的雙面膠

老公不善於表達感情，包括對他爸媽。我們在家時，他會跟我感慨爸媽養育他的辛苦，誇他媽做飯好吃，心疼二老的身體；我們品嘗美食、飽覽美景時，他希望爸媽也能吃到、看到；每次發薪水也會想著帶他們去吃大餐；家裡的吸塵器想給爸媽用，因為擔心他們彎腰打掃屋子會腰痠。

可他和公婆相處時的表達完全與關心和感恩沾不上邊。每次去公婆家，看得出他們提前收拾過一番，而我老公偏要說東西不用就要「斷捨離」；他們做了一大桌好菜，我老公偏說鹽放多了，還說不如哪家店的哪道菜好吃。一旁的我聽得著急，他把關心和感恩表達出相反效果的特長真是讓我驚詫。

女人更懂女人，我想把老公行動背後的甜言蜜語翻譯給婆婆聽。就像看電視劇一樣，明知人物之間感情深厚，但誤會讓他們不知彼此的心意，我都想衝進電視機裡，幫他們解釋清楚。

我如實地告訴婆婆，老公吃到好吃的東西時，總說要帶你們去嚐嚐；老公時常感恩你們的辛苦養育，總說要買些家電幫你們減輕負擔。婆婆聽得熱淚盈眶。

我也會把公婆說的愛他、疼他的話轉述給他。有一次逛街，婆婆本來和我手挽手走著，過馬路時，婆婆看到他走在前面，就本能地上前站到他身邊，而且是汽車迎面開來的那一側。

他們有自己的相處模式，但我想「不吃力，又討好」地做個雙面膠，用自己細膩的心思和感性的表達幫他們互通心意。

3.堅持「一以貫之」的價值觀

朋友在國外生活，曾說國外的父母多麼開明、多有分寸，不干涉兒女的生活。但她也說國外的父母很少會幫子女買房、帶孩子，不想因此降低生活品質。

在我們的國情下，父母幫子女付買房的頭期款、帶孩子時，子女也很感恩。但父母對子女的消費習慣、飲食習慣、作息習慣提出建議時，子女又會抱怨。

高曉松的父母曾對他說：「你選擇一種世界觀，就要一以貫之。」不能在想要獨立時，就希望父母有國外的父母的觀念；月底伸手向父母要錢，把髒衣服帶給父母時，卻又突然切換，希望父母擁有傳統的觀念。

我爸媽和公婆的界限感很強，平時基本上不管我們，但他們也說，以後我們帶孩子需要幫忙就儘管開口。

在特定階段，我們一定也會讓雙方父母幫忙帶孩子。我大概能預料到會有不少矛盾發生，但我從不期待雙方父母能集「與時俱進、性格溫和、聊天有趣、熱愛科普」於一身，因為我也做不到。

尤其在育兒觀念上，以朋友的經歷為鑑，我們對孩子嚴格要求時，老一輩慣著孩子；我們照書上的知識養娃時，老一輩用以往的經驗養孩子。但說實話，我對這些矛盾也特別想得開。因為即便我們有經濟能力請人照顧孩子，但始終還是不夠放心；而雙方父母也沒有義務替我們照顧孩子，所以我們要尊重他們的付出和育兒觀念。

03

我懷孕期間遭遇疫情，明知道負能量不好，但還是無法做到視而不見；嘴饞時，明知道重口味不好，但還是會吃。孩子在我肚子裡時，我這個當媽的尚且不能幫她抵擋一切不良因素，更何況在她來到這個世界上以後。

我的保護作用只會越來越弱，孩子會直接面對所有家庭成員性格和認知中好與不好的那一部分，她將接收到表達不同，但本質相似的愛。哪怕我狹隘地認為，自己對孩子的教育才是正確的，也會把其他家庭成員的教育當作補充。對孩子來說，多元且有層次的愛更健康。更何況，當她步入社會後，不是所有人都會像家人這般愛護她。

就我個人而言，沒有哪個人、哪本書、哪段經歷決定了現在的我，哪怕之前我也吸收過錯誤的教育，但我依然可以憑著自我學習逐漸糾正偏差。

我希望我的孩子能明白，每個人都像宇宙飛船，當某天我們要離開母星時，要做的不是一直抱怨過去的傷痕，而是要不斷修復、加固自身，去擁抱浩瀚的宇宙。

每個人都不可能達到完美，但我們會盡力保護孩子的健康和安全，竭盡全力地提供更好的家庭教育和氛圍。不過，孩子最終能成為什麼樣的人，還得看他自己的造化。

我想營造充滿歡聲笑語的家庭氛圍，而建設好婆媳關係也是其中非常重要的一環。然而，美好和融洽不會自動降臨，需要你一邊行進，一邊摸索。

爲何婚前一定要盡早見男方的父母？

01

有段時間，我剛聽到表妹哭訴「我和男友感情已經很穩定了，沒想到他的家人卻強烈反對」，馬上又聽到朋友發飆「之前要是知道婆婆會逼我辭職回家帶孩子，說什麼我也不會嫁進他家」。

網路論壇的文章裡，很多人在抱怨「極品婆婆」的愛子行徑；新聞報導裡，也不乏婆媳關係不和導致的社會問題；現實生活中，多的是娘家、婆家的日常瑣事。愛情誠美好，可婚姻不單關乎兩個人，它連接的是兩個家庭。

每當看到準兒媳緊張地接受婚前男方父母的「大考」時，我心裡就會發出疑問：「誰給他們挑剔妳的權利了？妳為什麼不先主動挑選他們？」每當我看到已婚女人以「萬萬沒想到」的語氣吐槽婆家時，我就非常不解：嫁人前，婆家人的生活習慣和家庭觀念就是那樣，妳當年是「盲嫁」嗎？

在我認識的女性朋友中，大多數都是先與男友認定彼此，快談婚論嫁時，才去見雙方的家長，我覺得這樣做至少有兩大弊端：第一，初次見面就是準兒媳和準公婆的關係，儀式感過於重大，又缺乏鋪陳，心態緊繃導致言行失真，日後容易與角色期待形成差距；第二，在感情較深的基礎上，一旦關係崩壞，心理創傷大，恢復週期長，麻煩更多，怨念更深，以後的關係定位就會變得更加複雜、微妙。

02

其實，把見父母作為前奏也不錯。我和老公剛開始只是互有好感的朋友，在我還沒答應做他的女朋友之前，他就邀請我去他家吃飯。我當時的第一反應是，八字還沒一撇呢，這會不會太早了？

他跟他父母的說辭是：「我想請我正在追求的人來家裡吃頓便飯。」他跟我的說辭是：「妳去我家感受一下我的家庭氛圍，也許更能增進妳對我的了解。」我覺得他的話在理，反正閒著也是閒著，就去他家作客了。

以前，我一直覺得準兒媳見未來的公婆是個極為尷尬的任務，可那天因為大家都沒太多心理負擔，他爸媽就把我當作他的同學，我也把他爸媽視為普通長輩，大家聊天自然隨意，氣氛也輕鬆、愉快。

我和他的家人沒有產生「排異反應」，甚至一見如故，相處得融洽自在。他爸媽的恩愛與教養，以及他與家人相處時的自然狀態，在我看來都是加分項。

每個人身上都攜帶著胎記式的家庭烙印，父母恩愛是對子女最高級的愛情啟蒙，原生家庭成員的交流方式會對以後的小家庭產生指引作用。而一位人格獨立、有事可做、被丈夫寵愛的婆婆，基本上已經劇透了將來相對順暢的婆媳關係。

在這種不太正式的會面下，妳更能看出彼此不拘束、無壓力的生活狀態，也能更加全面、真實地認識他和他的家人。經過仔細觀察，對於成家後妳老公是否顧家、愛不愛做家務、會不會照顧人，婚後公婆是否會與你們同住、能否尊重妳的職業發展，妳都能提前得到一些提示。

我身邊的一位情感達人也堅持認為，男友還在追妳時，妳就該去見見他的父母，理由是：「他父母知道兒子在追妳時，如果覺得妳還不錯，也會幫兒子齊心追妳；但如果他的父母得知兒子已經把妳追到手了，就算妳再好，也會忍不住給妳個下馬威。」

03

對很多人來說，雙方的家庭是我們在感情行進中不可避免的問題，既然如此，見父母這件事，宜早不宜遲。

大學時的一個室友，大三時交了個男朋友，才相處半個月，男朋友的母親就從老家趕來學校看她。原來，她是男朋友的初戀。男朋友的母親獨自把他帶大，得知兒子這麼重視一個女孩，愛子心切的母親第一時間前來把關。

他們是在校外的一家飯店見面的，見面體驗很糟糕。聽說他母親不苟言笑，嚴肅且強勢，堪稱場面冷凝劑，初次會面，居然就問起室友有無遺傳病史。更誇張的是，他母親還嫌棄室友個子矮，委婉地反對他們交往。

我們聽說後，都對室友的這段戀情不抱希望。可沒想到，她的男朋友一直從中協調，向母親不斷訴說室友的優點，向室友持續訴說母親的艱辛與難處，在他的努力下，兩個女人漸漸和解。這段感情的走向居然出現了戲劇性的轉折，最後他們研究所畢業後就步入了婚姻。

他們舉辦婚禮時我無法到場，只得在電話中遠程祝賀，但我還是操心她們婆媳相處的問題。室友倒是想得開，說：「我婆婆確實有苦衷，多虧我早有心理準備。當我和老公相愛並決定結婚時，我也決定了要體諒婆婆，況且這幾年下來，我和她的相處也越來越好。」

早點了解情況，早點作出選擇，早點磨合婆媳關係。愛屋及烏也好，就此別過也罷，總比一路被動要強。

而我認識的另一個女生，她透過相親認識了一位本地男生，「來電」後兩人開始交往，可男生絕口不提見父母的事。我們一直提醒女生，要製造機會去見他父母。一年半後，女生堅持要給男生父母送特產，雙方才見了第一次面。男生父母因為女生家境平平而趾高氣昂，對她愛理不理。

男生應該早就知道父母的品行，所以才一拖再拖。後來，他母親強行逼迫兩人分手，軟弱的男生不乾不脆地放棄了這段愛情。這對深陷愛情中的女生打擊很大，導致她的情傷久治不癒。

如果妳的男朋友根本沒打算帶妳見他的父母，或者當妳主動提出後，他卻以各種理由推託，那可能他對這段感情並不抱有希望，又或者他性格軟弱，因不想直接面對衝突而選擇拖延。

女生的感情多是循序漸進、逐漸強化的，情感深化之前的知情權，就像辦理某項業務前勾選「已閱讀並同意該協議」，一定要認真處理。將風險前置後，妳就能清楚地了解他愛妳的心意和魄力，以及自己即將面臨的處境，甚至判斷這份感情是否值得堅守。

我也不認為妳和男朋友的父母三觀相反，就必須完全否定並終止這段感情，關鍵取決於妳的男朋友如何處理相關問題，以及妳對這份處理結果的接納程度。

一個對感情輕言放棄的男人，一份不被父母祝福的婚姻，一段禁不住考驗的戀情，早知道比晚知道強太多。說到底，我還是喜歡把選擇權握在自己手中的感覺。

既然你是豆腐心，何必動那刀子嘴

01

某次我和同事出差，我們共住一個房間。晚上她做業務的老公喝多了，忘記她出差不在家，還打電話讓她去接他回家。她幾度打斷電話那端迷亂、含混的聲音，扯著高八度的嗓音質問老公跟誰喝酒，「這次不管你了，下次長點記性吧！」然後她像機關槍一樣掃射出一串擲地有聲的抱怨：「老大不小的人，怎麼這麼不讓人省心？我怎麼倒楣到專業擦屁股二十年……」

掛斷老公的電話後，她又強忍著餘怒撥通了婆婆的電話，交代清楚老公的情況後，又拜託公婆去接她老公。就在通話快結束時，她又諷刺地追加了一句：「看看您這好兒子！」

關燈後，同事要嘛翻來覆去地感慨老公應酬不易，要嘛就是給婆婆打電話詢問進度。我當時就很納悶，她明明是情真意切地關心自己的老公，為什麼非要表現得怨氣沖天？為什麼她不在老公求助時只表達關心和愛意，非要說出那些副作用巨大的傷人的話？為什麼她不在與婆婆講話時注意分寸，非要在長輩心裡補上一刀？

可能她的公婆一路上除了擔心兒子，還多了其他心理包袱；她老公酒醒後，其他事情可能都斷片了，只記得她的刻薄話。她還真是「刀子嘴，豆腐心」的形象代言人。

在我看來，「刀子嘴，豆腐心」是ＣＰ值最低、最損人不利己的表現。一個人明明心懷善意，卻偏要自導自演出一系列抱怨、責備、爭吵的戲碼，遮蓋住底層的好意，非要給自己的人際、工作、情感埋下殺傷力巨大的地雷。

我身邊有不少「刀子嘴，豆腐心」的範例，他們說話的前奏通常是「我這個人說話比較直」、「說句你不愛聽的話」。他們話裡的內容讓人感到不爽卻不好意思發作。他們說話的後話常常是「我這麼說都是為你好」。看你面露難色，他們又會說：「我就開個玩笑，你還當真了？」他們更有終極大招：「我是跟你合得來才跟你說笑。」彷彿他們傷害了你，你不一笑而過就是不識好歹。

02

我以前常會被擁有「屠龍寶刀嘴」和「小李飛刀口」的人說出的話影響心情，因為我盡力揚長避短遮掩的缺陷，他瞬間當眾揭發；我沒有採納他的建議，他彷彿早就等著糟糕的結果出現時第一時間說「不聽老人言，吃虧在眼前」。

遇到這類說話帶刺的人，我心裡多想自費把《蔡康永的說話之道》和《演講與口才》全年合訂本送給他們。此外，我還必須馬上把資料夾裡命名為「速效救心丸」的雞湯文章讀上幾遍，以強化抗壓能力，築牢心理防線。

惹不起，我就躲。後來，我就開始遠離這類長著「刀子嘴」的人。有一次，一個口無遮攔的朋友看出我在有意疏遠她，就找來我們共同的好友求和解。好友勸我說：「妳別生氣了，妳還不知道她嗎？她就是刀子嘴，豆腐心，她心是好的，就是嘴上不饒人。」

刀子嘴，豆腐心，真是一種詭異的邏輯。說出的話語，應該是內心想法的反映，真正善良的人，說話時會以己度人、換位思考。而牙尖嘴利、得理不饒人、朝著對方的軟肋發起語言攻擊的人，談何宅心仁厚呢？

據我總結，經常拿「我是刀子嘴，豆腐心」為自己開脫的人分為兩種。一種人是沒有自知之明，認為刀光劍影地講話才是感情親密、不見外。另一種人是意識到刀子嘴是種語言暴力，但是情緒爆發時，大腦一片空白，於是選擇先發洩完再說，事後自省時才捶胸頓足。這類人會差別化對待，對越親近、越弱小的人說話越會不經大腦。

這類人，且先不上升到自身修養、情緒管理和情商的層面，就從每個人都渴望被賞識、被尊重的層面來說，他們可曾想過，自己口無遮攔的一句話，可能會打開對方負面情緒的閥門？他們打著「豆腐心」的旗號說刻薄的話，怎麼還怪別人氣量小，開不起玩笑？

在我看來，刀子嘴和豆腐心根本不會同時發生，至少他們在出口傷人的瞬間，大腦中無意識地閃過一絲不願承認的邪念。別人獲得讚美時，他們脫口而出的醋話，反映出的是他們心底的羨慕與嫉妒；別人遭遇困難時，他們情不自禁冒出的冷嘲熱諷，暴露了他們潛意識裡的幸災樂禍。我認為，口不擇言放狠話的當下，他們多少有點刀子心，只是惡語講完、惡氣撒完、惡意散盡，然後才恢復成豆腐心。

豆腐心就不能有張「豆腐嘴」嗎？當我陷入低谷難以自拔時，好友會用我能接受的方法開導我。從他們權衡再三的言行舉止中，我能明白他們的克制和誠意，這是我最喜歡的豆腐心——將心比心，因為他們捨不得讓我難受、難堪。

第六章 ✧ 最怕你碌碌無為，還總熱中宏大敘事

大多數人面對的都是「出門辦事」等級的問題。喜歡宏大敘事的人，樂觀者會產生「雖沒出門，事情已辦」的虛假幻覺，悲觀者會產生「不敢出門，沒辦成事」的畏難情緒。

我們與其沉迷於宏大敘事，不如做好手頭上的小事。

越沉迷於「宏大敘事」的人，越成不了事

01

一位同事帶著五歲的女兒來我家作客。透過聊天我發現，她對我家附近的實驗中學、小學的師資、教學和畢業情況特別了解。原來，她兩年前就想換這學區的房子，那時的房價還能接受。可她老公總說買房的宏觀大道理，從城市的薪水水準，到東三省的經濟發展，再到國家的購房政策，言談之間都是泡沫、槓桿、走勢之類的詞彙。

每次商量後，她老公都覺得「現在不是換房的最佳時機」，於是換這學區房子的事一拖再拖，最終拖到房價翻倍。同事捶胸頓足地說，後悔當時被她老公的「宏大敘事」唬住，其實宏觀跟他們關係不大，他們面臨的最迫切問題是：想不想讓孩子上好一點的學校，以及家裡的錢夠不夠多。

以我的觀察，針對一件特定的事，站的立場越高，大詞、大句的使用頻率越高，

往往越是在逃避對具體問題的思考，透支做事的熱情，最後可能越難以完成。

在某年的《時間的朋友》演講中，羅振宇對比了做事的人和不做事的人的區別。他提到，不做事的人最愛探討大而抽象的問題：情感和理智哪個重要？理想和現實怎麼平衡？遠方和苟且如何選擇？著眼未來和回到初心該選哪個？而做事的人考慮的問題更加務實，都是關於見招後怎麼拆招，最關心自己手頭的事情具體的難處。

薛兆豐說：「宏觀好壞就像全球平均氣溫，你要是關心人類的命運，平均氣溫就有價值。但是你今天要出門辦個事，它真沒什麼用。」

大多數人面對的都是「出門辦事」等級的問題。喜歡宏大敘事的人，樂觀者會產生「雖沒出門，事情已辦」的虛假幻覺，悲觀者會產生「不敢出門，沒辦成事」的畏難情緒。

我們與其沉迷於宏大敘事，不如做好手頭上的小事。

02

熱播電視劇《大江大河》中有個細節，恢復大學入學考後，宋運輝好不容易才考上大學，連排隊買飯都在認真看書，而排在他後面的室友則愛談人生理想。

室友問宋運輝：「你的理想是什麼？」

宋運輝：「下午學完函數的基本點分類。」

室友：「我是問你的長遠理想。」

宋運輝：「這個星期學完函數的連續性。」

我很欣賞宋運輝的性格。他想改變命運，報效祖國，但想一下就止住，轉頭繼續全力以赴地做好該做的事。

宋運輝主動申請為全班讀報，知曉國家政策，把握時代脈搏，但知道歸知道，他沒有整天想來想去、說來說去，而是將其化作研究科學知識的原動力。不像他的室友，愛聊人生、談理想，喜歡一切宏大敘事，將自己大把的時間、精力花在坐而論道、紙上談兵上。

在別人談理想的空檔，那些不動聲色、分解理想、將目標落實到每一天的人，已經越來越接近自己的理想了。

03

微博文章上有人問：「你覺得過去幾年自己最大的進步是什麼？」部落客河森堡

說：「不再熱中於宏大敘事，把精力更多地放在一個個生活中的具體問題上。」

我深有同感，因為我曾經就是個熱中宏大敘事的人。那時，我的日記裡到處都是充滿意識形態的詞句。

大一時，我選修「專利課」。老師講了個案例，高樓層的水被過濾後，可以用來給低樓層的住戶沖馬桶，以此收穫社會效益和經濟效益。我和選修課認識的同學面面相覷，這麼簡單，我們也行啊。於是我們開始想發明專利，坐等著發財。

那時，我們整天想，從「在指甲刀上裝個小袋子，這樣剪下的指甲就能自動彈到小袋子裡」，到「給眼鏡增加一個像汽車雨刷那樣的迷你霧刷的近視一族的火鍋專用眼鏡」。可惜我們只是想，卻沒有真的去做，真是「一通暢想猛如虎，遲遲不動二百五」。

這件事教給我一個道理，用《士兵突擊》中的台詞來說就是：想到和得到之間，還有做到。

大二時，我開始向缺點宣戰。同學說經濟發達地區的人大多重男輕女，我想不通，反正閒著也是閒著，就想實地調查一下當地的生育觀。於是我設計調查問卷，去問婦產科醫生，去問產房的夫婦，還去計畫生育部門和統計局做採訪調查。從我的調查結果來看，當地居民並沒有重男輕女的思想。

大三時，聽說有的同學家長是漁民，颱風後損失慘重。我和室友爭取科學研究項目，探討靠天吃飯的漁民的保險問題。我們看書查資料後分頭行動，她去保險公司，我去漁業局。記得當時我走進一個主管的辦公室，那位主管給了我想要的資料，送我出門時，他還鼓勵我說，大學生就要多做研究。

這兩次的經驗告訴我，別把還沒做的事想得太難，去之前就作好被拒絕的準備，實際操作比想像中順利得多。

我見過這樣的人，甚至我曾經就是這樣的人——愛展望，愛分析，利弊得失說得頭頭是道，但過度思考，不去落實，最後虛度了光陰，錯失了發展機會。

你怎麼知道你設想的對不對，總得親自去做才能得到驗證，要讓真實問題暴露出來才能糾正偏差。

04

1. 做人，別想得太遠

辯手馬薇薇有個演講，叫《二十歲不要想像三十歲的生活》。她小時候每次進城都要搭四十分鐘的公車，道路非常顛簸，卻只能站著，只有售票員永遠有座位，於是她樹立了「做一名公車售票員」的人生夢想。

等她長大後，公車改成無人售票了，她失去了人生定位，迷茫了好一陣子。她說：「我們在生活中到底該怎麼做呢？很簡單，做小事，從最小的事做起。不要每天回家都想，我的宏大理想是什麼？而是每天去做一件又一件的小事情。」

2. 做人，別讓「想」耽誤「做」

在一次採訪中，記者問張鈞甯：「妳這麼愛運動，如何勸說那些在猶豫今天要不要運動的人？」張鈞甯說：「在你猶豫的時候，你先穿上跑鞋下樓，這樣當你還沒作好決定的時候，可能已經跑完回來了。」

05

最怕有人動不動就問：這個世界會不會好啊？現在的人都怎麼回事？人生的意義是什麼？

最怕有人動不動就感嘆：一個時代結束了，今年是最難就業的一年，現在做什麼都不容易。

最怕你做不好手頭的小事，卻整天熱中於宏大敘事。

辦了一年的健身卡，被懶惰卡住；雅思要考七分，被「abandon」卡住；推薦冷門旅遊景點，被作攻略卡住；想和朋友逛街，被油頭卡住……任何小事都能把你卡住，你嘴裡的宏大願景什麼時候才能實現？你離事成，永遠隔著「馬上去做」的距離。

這些年來，我逐漸壓縮自己在「暢想未來，宏大敘事」上的精力，把更多寶貴的時間留給手頭要做的事情。因為樂觀的宏大敘事者容易把「想」當成「做」；消極的宏大敘事者，容易被嚇到不敢做。

我始終堅信：所謂才華，就是基本功的溢出；所謂未來，就是手邊事的聚合。

你那麼平庸，是因爲泛見識太多

01

在某期《非你莫屬》節目裡，第一位女選手，大學本科和碩士研究所讀的都是供應鏈管理，有海外留學背景。展示專業時，她說起宜家在物流方面的成功特色：「宜家引進把倉庫和商品相結合的家具市場，客戶覺得像在逛倉庫，這樣更容易把產品推銷給客戶。」

她剛展示完，一位嘉賓就批評說：「這屬於業餘愛好者的回答，和供應鏈不相關。」另一位嘉賓質問道：「妳知道研究生和本科的區別嗎？本科重在打基礎，研究生階段，對整個架構和體系，從研究到實踐，都要有深度作品。」

第二位男選手曾在地鐵系統工作，後來教雅思英文。他這樣介紹自己：「在英文專業裡，機械學得較好；在機械專業裡，英文學得最好。想找培訓類工作。」嘉賓直接與選手用英文對話後，發現他的英文口語不夠流利。

對於他想找培訓類工作這件事，有嘉賓認為他有潛力，只需安排教學內容即可；有嘉賓反對，認為培訓師必須很專業、有經驗，才能激發所有學員的學習熱情。

我的判斷是：他做初級講師可以，但做高級講師很夠嗆。

在我看來，這兩位選手身上攜帶著多數人的通病——泛見識多，深見識少。「泛見識」就是缺乏由量變引起質變的理論和實踐，禁不起細問。這類人看東西浮光掠影，想問題點到即止，只追求表面了解，忽略了深層意義，在某方面曾經模糊地接觸過，就自認為有見識。

在職場上，擁有泛見識的員工就像肥皂——所見即所得，還滿是泡沫；而擁有深見識的員工就像冰山——除了上面的可見部分，底下還有強大的知識儲備。

對於一般領域有泛見識就罷了，如果連專業領域也充斥著泛見識，那就很可怕了。

02

泛見識多，深見識少，有多坑人？

1. 因泛見識而沾沾自喜、忽略行動

作家蔡壘磊前幾年遇到一個人。那個人從小地方來，接收的訊息少，但他看到幾篇勵志類文章，覺得很有道理，就把這些內容摘抄下來，還剪下一部分，時刻激勵自己的行動。後來，他比大部分同齡人都優秀。

為什麼很多比他見識廣的人反而在懷疑、猶豫、鄙視、嘲諷中一無所獲？源於他們的一種通病——泛見識多，深見識少。

因為泛見識多，所以對知識品質的要求變低；由於訊息過量，停留在每個知識點上的時間變少，思考的深度不足，導致欠缺相關問題的推演能力。

2. 因泛見識而變得狹隘、小看他人

朋友做東，邀請曾留學美國和日本的海外歸國男子吃飯。男子全程指點江山，一會兒說國外某領域的研究領先中國十年，一會兒又說已把歐美和東南亞各國都旅遊了個遍。可論及專業，他錯誤頻出的談吐讓人生疑；論及旅遊，他的談話內容也僅限於網紅打卡景點。

後來，他讓朋友給他介紹相親對象。朋友提到一位十分優秀的女孩，介紹了女孩

的諸多優點，當談到女方的年齡時，被男子打斷了。一九八三年出生的男子一聽女方是一九八七年出生的，就直言女方年齡太大了。

泛見識可能比沒見識好，但如果以為自己有見識，就變得狹隘，看不起別人，簡直比沒見識還恐怖。

03

擁有深見識的人，往往一句勝過一萬句。有人問日本料理和法國料理的不同，有泛見識的人會羅列菜名，講冷知識，提供大量無關訊息來炫技。而有深刻見識的山本征治說：「日料是減法，法餐是加法。」這完全滿足了大眾對專家回答的期待。

無印良品的藝術總監原研哉說：「白色不是一種顏色，而是一種感受，代表空的感覺。」這話讓我瞬間體會到設計師化繁為簡的專業洞見。

擁有泛見識的人往往滔滔不絕，用雜亂的訊息沖淡焦點；而擁有深見識的人一下就能點到關鍵，一語道破玄機。

具備相關學習或工作經驗後，我們只有扎扎實實地「打怪升級」，不辭辛勞地掘井及泉，認真動腦地舉一反三，擺脫表面相似性，透過現象看本質，深諳「學而不思則罔」的道理，對規律和人性有深層次的理解，對愛好或職業投入熱情和精力，才能擁有深刻的見識。

04

這個時代，很容易讓我們產生泛見識而不自知。

一篇文章就能「道盡」行業工作經驗，一個發文就能告訴你某種人生體驗，各類影片中展示著各種行業技能，而專業化分工讓大眾只懂其中的一環。

或許對於一般領域，泛見識已經夠了，但自己得清楚，哪些是泛見識；對於自己從事或愛好的領域，就要用心把泛見識轉化為深見識。

1. 好奇心

我的一個同學，曾在北京讀大學。大一開學，她在校內網路上發表疑問說北京的地名怎麼都是××屯、××營。過了一段時間，她寫了一篇很長的文章，詳盡地敘述了北京各種地名命名的由來和歷史演變的過程。好奇心的發酵，讓她的知識變得豐盈。

好奇心是正反饋，會讓你對越來越多的事情感興趣，想要學習更多的知識。

2. 執行力

一個北京大學的青年說，名校生都見過世面，但見過世面不是說出過國或去過「高大上」的場合，而是知道人為了做好一件事，可以拚命到什麼程度，優秀到什麼程度。

他們會做好每天的計畫，像和今天簽了合約一樣，用一整天去落實，並在睡前給自己一個交代，擁有最強的執行力。

3. 洞察力

在現實生活中，洞察和深思才是獲得深見識的最佳路徑，這樣才能將辯證、邏輯、動態、對比、遞進、發散、聚焦、複習等思維工具用得很熟練。

我們每個人都聽過「讀萬卷書不如行萬里路，行萬里路不如閱人無數」，而真正的精華在後半句上：「閱人無數不如名師指路，名師指路不如自己去悟」。

你的「面子觀」會廢掉你

01

任正非說過一句話：「我唯一的優點是自己有錯能改，沒有面子觀念。」在他看來，「不要臉的人才能進步，在華為我最不要臉，所以我進步最快。我最不要面子，因為我知道自己有本事。我不怕任何人批評我，他們批評對了，我就承認錯誤。我們是為了面子走向失敗，還是丟掉面子迎頭改善呢？」

沒有面子觀念的他，同樣要求幹部「不要臉」。他覺得，好面子的幹部怎麼能做到「三人行，必有我師」呢？迷戀面子的是沒有學問、沒有本事的人，「要臉」的幹部都沒有太大出息。

成熟的人早已戒掉了面子觀念，而不成熟的人，面子觀念特別重。

前幾天我收到一條問答，問A牌子和B牌子的手機，買哪個更有面子？

女同事的相親對象，砸鍋賣鐵買了一輛好車，結果買完車連買保險的錢都快沒有了。

旅行中去泡溫泉，外套上印著醒目名牌標誌的人，裡面的內衣卻鬆垮、殘破。

朋友在家全職複習公務員考試，我勸她先找工作，一邊工作一邊備考，她說有編制才會被人看得起。

我理解的「面子觀念」，是行為上端著虛無縹緲的面子，用以補足心裡敏感、自卑的空洞，稀釋了做實事的熱情，耽誤了能力的精進，因為太在乎別人的看法而「假造」自己，只為了迎合別人。

而所謂的戒掉面子觀念，是在規定和準則之內，拋開面子這層束縛，不把自己寶貴的時間、精力浪費在維護面子上。目標明確，路徑自信，你要明白：你沒有實力時，給別人的面子就是空頭支票；硬要別人給面子，是討好。沒有本事支撐的面子，終究是泡沫。

02

某節目提到某主持人剛考入大學時被同學嘲笑說普通話不標準，來自小縣城的她並未感到自卑或遠離同學，反而天天纏著身邊的同學教她發音，但凡笑她普通話不標準的同學都被她拉來請教，後來再也沒人嘲笑她。

再往前追溯，她考大學，面試時鄉音濃重，做完自我介紹，院長就說：「回去吧。」但她沒有放棄，說自己還有一個加分項，於是跳了一曲〈山丹丹花開紅豔豔〉。最終在她的「死纏爛打」下，院長同意讓她在一個即將畢業的班級跟讀。

她曾曬過大學的成績單──「記得我第一次去四川電影電視學院面試，那時因為專業基礎太差沒有通過，但最後同意我跟著快畢業的一屆讀最後一個月。這一個月幾乎沒有人管我，我每天到學校後面的田地大聲練習普通話。跟讀一個月之後，我以第一名的成績考入了學校。」

儘管她的主持風格眾說紛紜，但一個從小縣城來的、連普通話都說不好的女孩，奮鬥成為了全國知名的主持人，如果面子包袱重，尷尬時就迴避，被拒絕時就退卻，後來的美好故事肯定也與她無緣。

比起想做成的事、想成為的人、想要的進步，面子算什麼？

03

我曾收到一則私訊，讀者說，他畢業後做業務，每天「掃」樓，上門推銷常被拒絕，覺得這份工作讓他很沒有面子。

很多走偏的擇業觀都是把面子看得太重。其實面對面的推銷更能鍛鍊銷售技巧，了解客戶需求，而且銷售思維對人生的整個職場之路都大有裨益。《富爸爸窮爸爸》的作者羅伯特．清崎說：「每一種事業包括寫書，都要推銷。」據說，畢卡索剛起步時，還曾假裝普通顧客去畫廊買自己的畫，為自己提升知名度。

《有錢人和你想的不一樣》的作者哈維．埃克早期在烘焙店打工，從掃地、洗碗的雜務做起。他特別強調有人認為做這樣的工作必須吞掉自尊，但他從來不那樣想。他感激有機會花別人的錢來學習，自己想辦法找經理聊有關營收和獲利的事，並檢查箱子上面印的供應商名稱；凌晨四點起床幫烘焙師的忙，認識機器設備與材料，了解可能出現的問題。一個星期後，他被晉升為收銀員，結果他婉拒了主管的提拔，因為他覺得困在收銀機後面什麼也學不到。

有人覺得收銀比打雜舒服、體面，但有遠見的哈維．埃克認為，捨掉面子才能學到實實在在的東西。

李嘉誠說：「當你放下面子賺錢的時候，說明你已經懂事了。當你還停留在那裡喝酒、吹牛，什麼也不懂還裝懂，只愛所謂的面子的時候，說明你這輩子也就這樣了。」

上升通道很窄，機會稍縱即逝，你如果特別糾結面子，只會把通道堵死。

04

1.面子觀念越強，越容易束人束己

下屬沒聽從主管的勸酒，主管感到沒面子；孩子沒聽從父母的安排，父母感到沒面子；親戚沒提供期望的幫助，自己感到沒面子。

當你懂得尊重別人的主觀感受和自由意志，不隨意評判或要求別人時，你也會得到同樣的對待。不再拿著「面子」進行表演，對人對己都是解脫。

2.面子觀念越強，越會自我折磨

香港才子倪匡曾說：「在路上，常見有人跌了一跤，路人匆匆而過，至多投以一

瞥而已，誰會在意？跌倒的人卻把它當作一件大事，彷彿全世界都記得他曾在路上跌過一跤。絕大多數人，自己認為沒有面子至極、不知如何下台才好的事，在別人看來，根本不是什麼嚴重的事。」

所以，不妨鈍感一點，自嘲一下，別「咄咄逼己」，別人也很忙，你這樣在內心自導自演，別人也沒空看。

3. 面子觀念越強，越傷害家人

感情裡，有人為了要面子有話不說，口是心非，拒不認錯。

親子間，意識到自己有錯，卻用家長的權威淡化是非，疏遠彼此。

願意在吵架後先道歉的人，很多時候不是自己真的錯了，而是珍惜這段關係。

面子為了家人、親人和愛人而丟，丟得其所。

4. 面子觀念越強，越容易錯失夢想

高曉松大學時熱愛音樂，想組樂團，向家裡要錢。他母親說：「打個賭，我把你送到外地，你一分錢都不帶，就帶著吉他，能堅持一個禮拜，就資助你組樂團。」

於是高曉松去了天津，找了家零食店，借了個冰棍盒子，用圓珠筆寫上「討飯」，

坐在路邊又彈又唱，晚上枕著吉他睡在火車站。

後來，他去大學研究生大樓前唱歌，結果被學校警衛抓住，最後還是他表哥去天津把他接回了家。家裡人沒有資助他，他又找同學借錢，這才組建了樂團。

如果你熱愛一件事，卻連面子都放不下，那還算什麼熱愛。總之，面子觀念是一種虛擬溶劑，它會把你的熱情、感情、心情統統稀釋，甚至溶解。

當彆扭、糾結、玻璃心時，你可以默唸《一代宗師》的台詞：人活在世上，有的活成了面子，有的活成了裡子，而只有裡子，才能贏得真正的面子。

要不要辭職考研究所、讀博士班？

01

前幾年，好友研究所畢業。想當年我們在工作中結識，後來發展成好朋友。那時她在做外貿跟單，每年去美國、法國、日本等國家參展，經常給我帶來各國美食。我曾一度羨慕她滿世界跑。

幾年前的某天，她說想辭職考研究所，覺得自己所從事的行業發展前景不好，公司平台也有限，人生迷茫之際，她想用考研究所來實現人生突圍。她不顧親友的反對，過上了白天上班、晚上備考的生活，徹底從社交場合中消失，每晚聽著英文入睡，讓自己變成了自學戰車。

後來，她如願考上了想去的學校，還獲得了二等獎學金。為她慶祝考研究所成功的那天，在我們的舉杯祝福聲中，她說「辭職考研究所值不值得」這個問題，畢業後才有答案。自此以後，我心裡一直很惦記她：工作了三年又轉去讀研究所的女孩，妳現在過得怎麼樣？

後來我再次見到她時，她的身材又緊致了些，精神狀態特別好。她給我看她的畢業照片，跟我聊她的碩士論文答辯，講起與研究生室友姐妹相稱的快樂日子，每節課她都爭坐教室前排的位置，學校操場是天底下最棒的健身場所。她篤定地說，辭職讀研究所很值得。

以前上班時她賺多少花多少，讀研究所期間，獎學金支撐了她的生活費和學費；畢業以後，她新找的工作和職位比以前好很多，她覺得什麼也沒耽誤。最關鍵的是，讀研究所期間她過得純粹而美好。

02

我的一位女性讀者曾給我講過她的故事。她大學畢業後在航空公司工作，一來受夠了國營企業的複雜人際關係，二來不想過一眼看得到頭的生活，於是想出國留學。

她學的是物流，覺得荷蘭是理想的留學地，因為荷蘭英文普及率高，學費也還能承受。而父母希望她工作穩定。最後，她不顧父母的反對，找仲介諮詢留學訊息，考雅思和GMAT（經企管理研究生入學考試），準備簡歷和留學動機信，終於在二〇一五年五月收到了錄取通知書。

她說：「到荷蘭留學是我至今作得最正確的選擇，雖然不適應當地的食物、狂風和不可靠的火車，但超愛荷蘭的開放、自由和平等。」她給我展示了一個週末「切片」，週五下班從阿姆斯特丹飛到義大利的佛羅倫斯，週末去美術學院的博物館瞻仰「大衛」真品。

她聽說米開朗基羅從一塊石頭裡看到了大衛，然後把多餘的石料去除，大衛就自然而然地呈現出來了。她感慨人生也一樣，不管是精神還是肉體，都有太多累贅，怎樣把外界的紛擾、自己的雜念去除，變成更獨立、更自信的人，也需要一個不斷雕塑的過程。

她冒著家人強烈的不理解和不支持，辭職，考研究所，出國，去見世面，去過自己想過的生活，她真的很勇敢。

03

一個週末，我參加了「瀟灑姐」王瀟在大連的簽書會。一位女性讀者在提問環節中問道：「我大學畢業五年了，覺得生活迷茫，讀研究所這條路好不好？」瀟灑姐在大學畢業後做過主播，也做過上班族，工作幾年後又讀了研究所。

再次回顧讀研究所的經歷，瀟灑姐覺得在社會上工作過一段時間後，會更明白讀研究所期間學什麼、做什麼，更有的放矢。她讀研二時，積累客戶資源，找人合作，已經有了創業案的雛形。

瀟灑姐以前就欣賞藝術人士，讀研究所學的是藝術設計新媒體。很多研究所同學都是她曾經特別想接觸的人，有藝術特長，有設計天賦，她與之為伍，近距離地相處和取經是人生一大快事。

在瀟灑姐看來，持續學習很重要，網路上很多名校學習資源，未必需要專門辭職考研究所，這得結合自己的經濟狀況和目標來看。而考研究所這條路到底好不好走，只有試過才知道。

04

曹頔在《像世界一樣寬廣地活》一書中，寫了她辭職考研究所留學的經歷。已是兩個孩子媽媽的她，曾做過新聞媒體人，辭職後與丈夫創業並將公司做到上市，卻在三十歲那年打破舒適圈——帶著兩個孩子和她的媽媽去了美國哥倫比亞大學攻讀社會工作碩士班。

許多人好奇，為什麼三十歲了，事業有成，有了孩子，卻把丈夫留在國內，自己去讀書？有人猜測，她是為了拿世界名校的學位，也是為了讓自己的孩子過語言關。但曹頔認為，在舒適區和恐慌區之間是學習區，而教育顯然是自己最明智的投資。

常春藤的名號並不能讓她換取多少現金，她也沒指望能以此募集資金、跨越階層，獲得更高的收入和更好的人脈。她感覺最棒的是，自己在哥倫比亞大學「得到了生命中最有價值的體驗，打開了無限的思考空間」。

留學的那兩年，她付出了很多代價，學費、脫髮、睡眠不足、搬家，但同樣也收穫了很多，比如在聯合國開發計畫署的實習經驗，讓她感受到了異國的成人和兒童教育。

她不想為了守住眼前的一寸空間而放棄身後的廣闊天地。她不停地學習，讓自己的世界變得日益廣闊。

05

讀完范海濤的《就要一場絢麗突圍》後，知道她在寫出一本暢銷百萬冊的名人傳記後，居然沒有趁熱打鐵寫第二、第三本，而是跑去讀哥倫比亞大學的口述歷史的研究所，畢業後還在美國做了一段時間的記者。

當時處在人生瓶頸期的范海濤，選擇去美國讀研究所的一個重要刺激是，在寫《世界因你不同》時，她面對李開復這樣一位科技精英，或身邊常春藤學校的同齡人，覺得他們「擁有自己的理解力到達不了的高度」，於是下定決心，在工作之餘準備留學考試。

到了紐約後，她過上了一種凡事靠自己的生活。在美國課堂中學習，在多元世界中成長，在文化碰撞中感悟。

投資人徐小平說：「在這個社會，人們真的已經不需要一個虛妄的文憑來證明自己。」出國留學對范海濤來說，不是一個稍縱即逝的機會，而是一個隨時可得的儲備。留學還是事業，答案當然是事業，因為留學的大門永遠敞開，而事業的窗口則是千載難逢。徐小平曾勸過范海濤可以抱著孩子，領著保姆，坐著飛機去留學，現在她可以把自己最喜歡的事情做到極致。

每個人看待問題的角度不同，在范海濤書中苦樂參半的字裡行間，印證了她那句「我的體驗看似勇往直前，但是其實這個過程中滿布荊棘、步步為營。我得到了不少，也失去了很多，我清楚地知道裡面的機會成本到底有多大」。

有時候放下職場積累去讀研究所、讀博士班，沒有值不值得，只有願不願意。

06

五個故事講完了，看著那些工作幾年再選擇考研究所的女孩，有人出於逃離現實困境，有人想要走出舒適區，有人被強者刺激到，有人想要更上一層樓。

還有一些我認識的朋友，我媽同事的兒子覺得公司同事學歷都很高，於是去香港讀了一年的研究所；微博朋友圈裡有個男生在劍橋申請博士班被拒，先工作著，準備下次再申請博士班。

目之所及，我沒有看到工作幾年後再去讀研究所、讀博士班的人混得不好，其實未必是讀研究所、讀博士班有多好，而是那種面對困局積極突圍的魄力，那種懂得取捨、敢於執行的堅持，大大降低了「混得差」的可能性。

我這幾年也會偶爾冒出「要不要停下來去國外讀個研究所」的想法，我也問過我老公，會不會有一天我們一起出國留學，而他給出的答案是開放性的。

我在看曹頔的書時，最為心馳神往的是，事業有了階段性的成績，帶上家人和孩子，考上想去的國度和學校，去解鎖、體驗另一種生活方式。

但正如曹頔所說：「哥倫比亞大學的一張碩士文憑約要價十萬美元，像我這樣帶著媽媽和孩子去的，花費就更多了。」

范海濤說，把患有慢性病的媽媽留給姐姐照顧，自己去追逐夢想，心中有愧疚感。但對我來說，事業窗口、家人羈絆都是很難過的關卡。

工作了，要不要停下來讀研究所、讀博士班，取決於個人的內心意願、經濟狀況、家庭情況和行業處境。我只想說，時間是分岔的，你選了一條路，永遠不會知道沒選的那條路上有什麼風景。認清再選，選後無悔，這是我的建議。

職場焦慮不是你辭職就能解決的

01

我的一個表妹，前年考上了國家公務員，入職才一個多月，就在微信上找我訴苦。她說，她暫時被分到了綜合科，工作要嘛是從收發室拿報刊分發給各科，要嘛就是打電話通知企業代表來參加會議，大部分工作內容都缺乏技術能力，這讓碩士學歷的表妹焦慮得想辭職。

我也不知道如何開導她，畢竟這份工作適不適合她只有她自己知道，但我也明白，不少工作入門時都需要從基礎的雜事做起。我想起自己畢業後為了學習業務流程，也沒少幫著部門前輩複印資料或跑腿，和我同期進入公司的人力資源部門的同事，那段時間幾乎複印了整個公司員工的身分證。後來隨著個人能力成長，我們才逐漸接近核心業務，到後來獨當一面。

誰的職場沒有出過差錯，遇到問題就拿辭職來解決焦慮，我覺得很不成熟。不僅是我表妹，這個月我收到的私訊裡，有很多都是讀者在吐槽職場裡的不爽。一個護士，因人際關係的壓力，覺得上班比上墳還難受；一個新員工因被上司罵了幾句，委屈得連飯都吃不下；一個女性上班族因「小人」同事升成主管而備感煩悶。他們的私訊中，都有「大不了不幹了」的伏筆。

我的想法是，一個人在沒有搞清自己的職場定位和訴求前，你的職場焦慮不是辭職就能解決的。

02

我畢業後的第一份工作是做海外銷售，小丁與我同期入職並在同一個部門，她的座位在我隔壁的隔間，我們的朋友關係一直延續至今。

當時試用期壓力大，一個月後小丁還沒業績，她怕不能勝任這份工作，於是主動提出了辭職。巧的是，她的下一份工作也是在這棟大樓的一家台資公司，有時中午十一樓的我會和八樓的她一起吃午飯。過了幾個月，她又跟我說公司資源有限，客戶開發模式單一，很難做出業績，又想辭職。那天，我很嚴肅地勸她說，如果真打算做這一行，至少先做成幾筆買賣再走。

我的話她聽進去了，後來，她在台資企業做了一年半後才辭職，她的業績在公司數一數二，臨走時，公司追加條件挽留她，為此，她去和大公司談待遇時也底氣十足。

後來，她跟我說，第一次辭職時，她的內心是逃避的，對自己的能力缺乏信心，對自己的前途充滿懷疑，但第二次辭職時，她的心裡是很坦蕩的，她知道自己是為了更好的發展機會另擇平台，而不是在這裡混不下去才要逃到其他地方去。

職場上，辭職並不是困境消消樂，而要從自己身上找問題，是不是心態過於浮躁？是不是業務不熟？是不是情商不足？這比任性辭職更能解決問題。

03

當你對職場中的人際關係感到困惑時，你不妨使用「門德羅矩陣」來評估利益相關者，橫軸代表利益，縱軸代表權力，用該坐標把職場利益相關者全部包含進來。

第一象限是權力大、利益大的人，他們很可能是你的直屬上司，你要選用隨時聽令的策略。

第二象限是權力大、利益小的人，他們很可能是公司的大主管，你需要適當留意。

第三象限是權力小、利益也小的人，對於這類無關緊要的人，最佳策略是不管、不惹。

第四象限是權力小、利益大的人，他們很可能是「八卦者」，要選用保持溝通的策略。

我覺得有些辭職理由比較可靠、比較理性，比如：那個公司正在研究的案子我很感興趣；現在這個行業日漸沒落是大勢所趨；自己個人發展意向與公司發展規劃相矛盾；獵人頭公司推薦的職位對我的職業生涯更有利……

但有些朋友因為辦公室風氣難搞，與主管不對盤就想走人，與同事合不來就想辭職。此時我會勸他們，要不要用「門德羅矩陣」評估一下再作決定？

04

同公司另外一個女同事多麗絲，辭了一個高品質的職。

多麗絲的業績處於頂尖水準，她負責中東市場，英文專業八級，口語十分流利，商務禮儀得體，客戶開發有方。我剛進公司時就聽說她完成了一筆業務，獎金提成三十萬元，當時我視她為偶像。

我們這批新人上手以後，我聽說多麗絲要辭職，她答應老闆再留兩個月，負責業務交接和員工培訓。由於我和多麗絲住得近，在同一個車站等車，邂逅機會多，於是有一天我問她要去哪裡高就。她告訴我，她的目標是創業。離職後，她去了一家小型創業公司工作了半年，帶著組織構架、管理模式、薪資設置等切實問題先去實地學習，希望自己的創業之路能少走冤枉路。

我問她直接創業會不會更占先機。她又跟我解釋，她理解的行業趨勢是穩中緩升，她在現在公司學會了如何開發和維護客戶，但由於現在的公司規模成熟，為了弄懂小公司的靈活運作，她覺得花半年時間去學習很有必要。

我聽了之後，心裡更加佩服這位目標明確、步驟清晰、執行力強的偶像。她在辭職方面還有幾點做得令人稱道：盡心盡力、不藏私地培訓公司員工，創業後，也沒有帶走客戶資源。

多麗絲和老闆的關係非常好，兩人甚至還互相介紹生意。我一直覺得多麗絲辭職辭得很有水準，因為她既實現了自己的職業生涯躍遷，又在行業內留下了好口碑。

總之，願你在遞交辭職申請書前，是經過了理性而冷靜的思考，而不是自認為快刀斬亂麻地逃避，因為很多職場焦慮不是你靠辭職就能解決的。

活成升級版的自己，你還差「微精通」

日常逛書店，《微精通》這個書名擊中了我。

所謂微精通，就是快速掌握一門或大或小的技能，讓人更加適應飛速運轉的訊息流社會。作者羅伯特·特維格是微精通實踐家，如何寫出一手漂亮的字，怎樣手工鮮釀啤酒，怎麼講出一個迷得住孩子的故事……他對感興趣的任何技能，都能摸索出一套短、平、快的微精通體系。

他先找到入門技巧，然後突破關鍵難點，再利用輔助支持，不斷發現樂趣，挖掘技能潛力。透過讀他寫的書，我覺得他是個對生活不打馬虎眼的人。他對不擅長或容易被忽視的領域，懷著蓬勃的好奇心，從入門研習到微精通。

耳熟能詳的「一萬小時定律」說，一萬小時的錘鍊是任何人從平凡演變成世界級大師的必要條件。但現在不是車馬很慢的時代，人生沒有足夠多的一萬小時，我們被日新月異的科技和變化帶著往前走。就算能把一萬小時統統投在自己的專業領域，你若想搶占風口領域，想成為斜槓青年，想發展興趣愛好，仍需要「微精通」。

01

馬東在《職場B計畫》裡說：「你學『如何用手機拍照』，看似跟本職工作無關，但你的付出終將使你技高一籌。在公司活動或團隊建設時，同事想起你的特長，說你『拍得專業』，這是你職場名片的一部分。」

這話讓我想到我的前主管，他是公司打破最短晉升年限的人。他在專業領域上叫精通，除此之外的領域叫微精通。

他是「百曉生」，同事打公積金電話熱線都沒弄清楚的問題，他三言兩語就講得透徹明白；他是帶貨王，他家裝修時買的建材及品牌，同時裝修的同事也用跟他一樣的；他是副教練，兒子在當地少年兒童足球俱樂部踢球，他也成為集足球知識、體能訓練、少年兒童心理、課業輔導於一身的生活教練。

他總能把經手的每件事都做到微精通，在家人、同事和主管眼中，他是個極為可靠的人。

02

文案天后李欣頻說：「旅行千萬不要淪為走馬看花，最好參加專家導覽的主題之旅。」她參加過建築師帶團的「北歐＋西班牙建築之旅」，藝術家導覽的「德國文獻展＋義大利威尼斯雙年展」，大學中文系教授導覽的「日本京都賞櫻之旅」，佛教藝術專家帶團的「印度菩提伽耶聖地之旅」，馬雅文明專家陪同的「墨西哥金字塔之旅」，聲療師帶團的「日本屋久島靈性之旅」……

讓自己用專業導遊的視野去看世界，幾趟旅行回來，就具備了好幾項「半專業」的身分：建築愛好者、文學鑑賞家、古蹟古物歷史學家、音樂鑑賞家、攝影師、天文學家……

李欣頻做為一個微精通專家，透過半專業化的旅行，繁衍出多重身分和看問題的視角，不僅豐富了自己的感知，也豐富了自己的人生。

03

我經常付費聽課，但不那麼看重嘉賓的學歷和資質。如果嘉賓發現痛點，花心思研究，分享出經驗，這類課程實用性強，能幫我少走冤枉路。

我曾上過搜索課，嘉賓善用高級搜索指令，比如限定文件類型：關鍵詞＋文件類型＋文件格式名；限定時間範圍：關鍵詞＋起始年份＋兩個英文句號＋截至年份；用「-」來過濾廣告。還上過印象筆記課，嘉賓把這個軟體用出了層次感和體系感；為了分類和編碼，連杜威十進制這種知識重點都不放過，做了上萬則筆記，還為印象筆記CEO做了演講。

我喜歡他們的內容分享，更喜歡他們的人生態度，沒有「搜索」或「筆記」這個職業，但他們把搜索和做筆記當成微精通的專業去鑽研、去沉澱，而那些分享對別人有價值內容的人，本身就自帶價值。

04

據麥克．莫山尼克博士研究：大腦塑造是一個物理過程，灰質能變厚或縮小，相應的神經連接可以得到增強或削弱。我們學新舞步時，負責指揮身體的新連接已形成；忘記別人的名字時，負責記憶的連接會退化甚至損壞。

我老公的奶奶，如今八十多歲了，還在研究哪個牌子的遮瑕膏能蓋住手上的老人斑，每天清晨戴著眼鏡摘抄書中佳句，安排老年朋友去旅行，並且擔任解說員。微信面對面建群組這個功能，我是在飯桌上第一次聽奶奶說的。她看上去比實際年齡至少年輕二十多歲。

05

由於寫作的關係，我培養興趣、挖掘技能的頻率大大提高，並且早已開啟微精通的生活。

我目前的成就感之一，是別人的「誤以為」。有一次我寫了篇景甜性格好的文章，她的經紀團隊輾轉聯繫到我，「誤以為」我是娛樂評論家。讀者希望我多分享如何做思維導圖、做讀書筆記、挑書、買書，「誤以為」我是個學霸。

其實我既不是娛樂評論家，也不是學霸，我只是不喜歡不求甚解、糊裡糊塗的生活。在我的工作之外，我熱中嘗試各種「微精通」。

各領域專業人士的經驗確實值得借鑑，但我這種普羅大眾的微精通之道也有些參考價值。

1. 降低微精通的入門門檻

先列一個微精通清單，然後找一些有趣的文章或影片來作入門指導，構建出這個技能「好玩又不難」的第一印象。

我畫畫很差勁，以前讀高中時在生物課畫細胞圖，醜到細胞都想張嘴罵我。一位畫家說，任何物體都可以分解成簡單的形狀，「你能畫一條線，你就能畫畫」，這句話讓我這種沒天賦的人都有點躍躍欲試。

我覺得我大學期間自學 Flash、Photoshop 等技能未遂，就是因為入門困難。圖書館的大部頭書籍往往文字嚴肅、內容枯燥，從選單欄講起，讓我翻不到十頁就停下了。以我對自己的了解，我適合那種「看到別人用了很炫的功能，就去搜索如何實現」的模式，久而久之，就解鎖了各種快捷鍵和隱藏功能。

對於微精通來說，一開頭就一萬小時、這概述、那通史的，非常違反人性。萬事起頭難，給自己降低開頭的難度很重要。看看有意思的短片，或者一些有趣又不炫技的科普知識，都是很好的入門捷徑。

2. 持續深挖學習

我覺得「微精通」可以分為三個方面：看書、找人和購置設備。

看書，進行主題式閱讀。高曉松的外公在當年去鄉下養豬時，就找了一本養豬方面的專業書籍看。

找人，盡量找能接觸到的內行人。你找不到也沒關係，網路上有大把的資料。透過與其他人交流或學習付費課程，你也能迅速、有效地深潛到這個領域。

購置設備。你喜歡手帳，就買些好用又好看的本子和文具；你喜歡滑板，就買一個相對安全的滑板。在經濟能力範圍內買好一點的工具能給你更好的體驗感。

3. 注重反饋和輸出

大學寢室裡有個女生學習用 Flash 畫漫畫，寢室成員誇讚；配上色彩，寢室成員誇讚；畫面一幅一幅動起來，寢室成員誇讚，一次比一次誇得更多。別人的誇獎和鼓勵，更有助於她的持續精進。

付出，能讓你的微精通事半功倍。透過才藝展示，在網路上發表經驗文章，幫助身邊的人，參加辯論隊準備觀點，這些付出會讓你更容易走上微精通的螺旋上升之路。

每個人離升級版的自己都差一個「微精通」。這個世界正在獎勵「微精通」的人，你想不想也被獎勵一下？

把事情做到極致，是升職加薪的最好方式

01

我身邊有一種人，被我歸為「積極的窮人」。他們愛給自己喊口號，空有一顆想賺錢的心，卻吃不了賺錢的苦；心態積極向上，行動卻拖延成性；在間歇性享樂後恐慌，又為自己的懶惰自責。

他們在看到《女人賺錢有多重要》、《沒事你就多賺點錢吧》、《多賺點錢，因為活著很貴》等文章時，就會積極轉發還附帶三個加油的表情圖示。可是他們的激情來得快，去得也快，下單買幾本專業書，報了幾節職場課，工作方面又開始得過且過，糾結於「同事做得少，我多做多錯」、「這事沒人管，隨便做做樣子」、「改了好幾遍，簡直不想做了」。

在我看來，賺錢多的人，他們有的趕上了機會，有的創業模式很新奇，有的會挖

動資源，有的以興趣起家，有的把工作做到了極致……

今天，我想詳細說說「把工作做到極致」，因為我覺得這一點比較普世。我就用身邊兩位女性代表的親身經驗來舉例，一位在四年內從月薪三千元逆襲到年薪百萬元，另一位四年內在深圳買了兩間房。

來，我們一起看看這兩個自帶能力和方法論的典型案例吧。

02

近年來，由於業餘寫作的關係，我結識了一位知名暢銷書策劃人。她經過短短四年就從月薪三千元的實習編輯，成了年薪百萬元的知名圖書策劃人，連續四年漲薪超過百分之兩百。她的薪資曲線，不，是薪資直線讓我羨慕，於是我斗膽向她取經。她說：「把事情做到極致。」

當時她還是新手編輯，為了簽下一位知名作家，在別家出版社出價更高的情況下，她果斷買了作者所在地的火車票，直奔過去找作者面談，曉之以理，動之以情地說服作者，把未來幾本書都簽給她。

有段時間，她覺得女性勵志書籍很有市場。為了讓某位作者認可她，她透過節食和運動，使體重減輕了十五公斤，最終以更好的職場形象贏得了那位作者的信賴。

她每做一本暢銷書，就把同類書籍在電商平台上的上萬條書評都歸納提煉，書籍封面有時會改上百次，直到達到自己想要的效果。

有些人就是這樣，只是聽她隨便輕描淡寫地說幾句，就能腦補出她私底下做了多少功課。關於作者心理、對手動態、讀者需求、市場趨勢，她都一清二楚。她能經常策劃出爆紅書，肯定不是偶然。

03

在我的第一份工作中，有一次，某印度組重要員工離職時要帶走客戶資源，還跟客戶說了對公司不利的話。已經懷孕三個月的主管爭分奪秒地挽留客戶，她除了負責中東組的大客戶，還得分身處理離職員工留下的爛攤子。恰巧那幾天印度大客戶在深圳出差，第二天要回國，主管下班後帶著我這個印巴組的新人去面談。

那晚我算開眼界了，主管有條不紊地準備完資料後，帶我到客戶下榻的旅館，一路上還在不停地查郵件和打電話。見面後，印度客戶慍怒地指責與我們公司合作多年，我們公司卻在價格上虧待老客戶。我心裡著急，覺得主管除了說這是前同事的一面之詞，以及給客戶更低的價格這兩張牌，就沒其他牌了。沒想到主管邊操著一口印度口音的英文解釋邊拿出材料，某次成本上漲，我們公司貼錢交付，還說做為他們信得過的合作夥伴，有義務節省客戶的時間和精力。此後，該印度客戶對我們公司更加信任了。

那次，我目睹了她在高壓博弈中有理有據的表現後，沒事就觀察她，發現她經手的任何環節，都能把事情做到極致。前兩年她做印巴市場時，專門學了印度口音，後來轉做中東市場，口音又有點中東味道。她對產品參數和特性瞭如指掌，對目標市場地區的消費者的宗教、心理都有很深的研究。她把自己的垂直領域鑽研得又精又透。

主管大我四歲，從門外漢到資深業務也就四年。聽同事說，她已經在深圳羅湖區買了兩間房，其中一間在國際貿易中心大廈附近，目的是方便她來公司加班和回家休息。

04

這兩個人是我在職場中的偶像。從她們身上，我學到了一點：把事情做到極致是升職、加薪的最好方式。我看到她們不知疲倦地深挖自己所從事的領域，幾萬條的顧客評論一條不落，一個封面做幾百次嘗試，開發一個國家的市場就努力吃透這個國家的民俗、文化。就算局勢不順，她們也絕不服輸。

公司和老闆沒有要求她們這麼做，但她們卻能在一個浮躁的時代靜下心來，把工作做得如此細緻。這樣的人終究是少數，占比更多的人是「積極的窮人」，他們羨慕別人拿著高收入，但自己在工作中往往靜不下心來把工作中的準備功課做到位，最後連最起碼的做好手頭上的事情都成問題。

後記

《當你又忙又美，何懼患得患失》出版後，有幾個讀者特地來找我確認，說把書翻到最後一頁感覺突然就結束了，讀得意猶未盡。還有讀者覺得結束得太突然，沒有心理準備，甚至懷疑自己的書最後幾頁是不是漏了。

於是，我在備忘錄裡寫下：下本書一定要寫後記。

今天終於有幸寫第三本書《當你自律自控，才能又美又爽》的後記。

我看過很多後記，都有感謝環節，比如謝謝家人、朋友等。不過，我還是覺得，肉麻的話我們留著私底下面對面說吧。

首先，感謝我的編輯團隊。我一直覺得，每出一本書，就像生了一個孩子，長時間思想上的孕育，在團隊的助力下，終於有了一本實體書。寫作可能是一個人的事，但成書肯定是一群人的事。感謝在不同職位、不同環節參與我出書的朋友們，這本書凝結了大家的付出。

其次，感謝我的讀者朋友們。回憶這幾年的寫作之路，剛開始我是個嗆口小辣椒，動不動就對明星八卦、熱門時事來頓辛辣諷刺或「指點江山」。直到我寫了自己早起的經歷，很多讀者嘗試早起後，來找我交流早起的難處和收穫，我才第一次發現自己寫作的價值。

後來，我越來越喜歡自律的生活，越來越愛寫有關自律的文章，這些年也獲益匪淺。我一直寫作，認識更廣闊的世界，結識更多的朋友；一直早起，透過看書和寫作，活出一個精采的自己；一直鍛鍊，三十三歲生孩子也沒想像中那麼艱難；一直改善，報名上形體課去糾正體態，每天練習朗讀，希望能說更標準的普通話，做好我的讀書會；一直探索，每年讓自己學習新東西，嘗試新事物……

與此同時，一些讀者也會不定期地向我報喜，比如考上了理想學校的研究所，兼職賺到了一筆小錢，失戀後健身練出了肌肉，離開了「耗人耗己」的婚姻……

我變成了越來越好的自己，讀者可能也因為我的一點點影響，變成了越來越好的自己。謝謝你們的見證，從我戀愛，到結婚，到生子；謝謝你們的支持，從《你來人間一趟，你要發光發亮》到《當你又忙又美，何懼患得患失》，再到《當你自律自控，才能又美又爽》。

我們都要發光發亮、又忙又美、又美又爽。下一本書，我們再見。

國家圖書館出版品預行編目資料

當你自律自控，才能又美又爽／梁爽著. -- 初版.-- 臺北市：平安文化，2022.07 面；公分. --（平安叢書；第 723 種）（Upward；132）

ISBN 978-986-5596-95-8（平裝）

1.CST：生活指導 2.CST：通俗作品

177.2 111008796

平安叢書第723種

UPWARD 132

當你自律自控，才能又美又爽

作　　者—梁爽
發 行 人—平雲
出版發行—平安文化有限公司
台北市敦化北路 120 巷 50 號
電話◎ 02-27168888
郵撥帳號◎ 18420815 號
皇冠出版社（香港）有限公司
香港銅鑼灣道 180 號百樂商業中心
19 字樓 1903 室
電話◎ 2529-1778　傳真◎ 2527-0904
總 編 輯—許婷婷
執行主編—平靜
責任編輯—張懿祥
美術設計—單宇
行銷企劃—鄭雅方
著作完成日期— 2021 年
初版一刷日期— 2022 年 7 月
初版二刷日期— 2023 年 1 月
法律顧問—王惠光律師
有著作權 · 翻印必究
如有破損或裝訂錯誤，請寄回本社更換
讀者服務傳真專線◎ 02-27150507
電腦編號◎ 425132
ISBN ◎ 978-986-5596-95-8
Printed in Taiwan
本書定價◎新台幣 380 元／港幣 127 元